새로운 도서
다양한 자뇨
동양북스
홈페이지에서
만나보세요!

KB177594

홈페이지 도서 자료실에서 학습자료 및 MP3 무료 다운로드

PC

❶ 홈페이지 접속 후 도서 자료실 클릭
❷ 하단 검색 창에 검색어 입력
❸ MP3, 정답과 해설, 부가자료 등 첨부파일 다운로드
　* 원하는 자료가 없는 경우 '요청하기' 클릭!

MOBILE

* 반드시 '인터넷, Safari, Chrome' App을 이용하여 홈페이지에 접속해주세요. (네이버,
　다음 App 이용 시 첨부파일의 확장자명이 변경되어 저장되는 오류가 발생할 수 있습니다.)

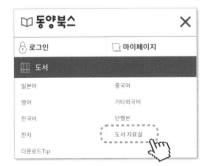

❶ 홈페이지 접속 후 ☰ 터치

❷ 도서 자료실 터치

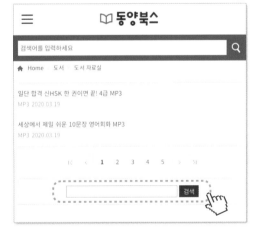

❸ 하단 검색창에 검색어 입력
❹ MP3, 정답과 해설, 부가자료 등 첨부파일 다운로드
　* 압축 해제 방법은 '다운로드 Tip' 참고

미래와 통하는 책

가장 쉬운 독학
일본어 첫걸음
14,000원

버전업! 굿모닝
독학 일본어 첫걸음
14,500원

일단 합격하고 오겠습니다
JLPT 일본어능력시험 N3
26,000원

일본어 100문장 암기하고
왕초보 탈출하기
13,500원

가장 쉬운 독학
중국어 첫걸음
14,000원

가장 쉬운 중국어
첫걸음의 모든 것
14,500원

일단 합격 新HSK
한 권이면 끝! 4급
24,000원

중국어
지금 시작해
14,500원

영어를 해석하지 않고
읽는 법
15,500원

미국식
영작문 수업
14,500원

세상에서 제일 쉬운
10문장 영어회화
13,500원

영어회화
순간패턴 200
14,500원

가장 쉬운 독학
베트남어 첫걸음
15,000원

가장 쉬운 독학
프랑스어 첫걸음
16,500원

가장 쉬운 독학
스페인어 첫걸음
15,000원

가장 쉬운 독학
독일어 첫걸음
17,000원

동양북스 베스트 도서

THE
GOAL 1
22,000원

인스타
브레인
15,000원

직장인, 100만 원으로
주식투자 하기
17,500원

당신의 어린 시절이
울고 있다
13,800원

놀면서 스마트해지는 두뇌 자극
플레이북 딴짓거리 EASY
12,500원

죽기 전까지
병원 갈 일 없는 스트레칭
13,500원

가장 쉬운 독학
이세돌 바둑 첫걸음
16,500원

누가 봐도 괜찮은 손글씨 쓰는
법을 하나씩 하나씩 알기 쉽게
13,500원

가장 쉬운 초등 필수 파닉스
하루 한 장의 기적
14,000원

가장 쉬운 알파벳 쓰기
하루 한 장의 기적
12,000원

가장 쉬운 영어 발음기호
하루 한 장의 기적
12,500원

가장 쉬운 초등한자 따라쓰기
하루 한 장의 기적
9,500원

세상에서 제일 쉬운
엄마표 생활영어
12,500원

세상에서 제일 쉬운
엄마표 영어놀이
13,500원

창의쑥쑥 환이맘의
엄마표 놀이육아
14,500원

동양북스
www.dongyangbooks.com
m.dongyangbooks.com

중국어뱅크

중국인과의 비즈니스 이렇게 쉬웠나?
가볍고 든든한 비즈니스 기본서

한 권으로 가볍게 끝내는
비즈니스 중국어

심하윤 지음

동양북스

한 권으로 가볍게 끝내는

비즈니스
중국어

초판 1쇄 인쇄 | 2021년 5월 10일
초판 1쇄 발행 | 2021년 5월 15일

지은이 | 심하윤
발행인 | 김태웅
편 집 | 신효정, 양수아
디자인 | 남은혜, 신효선
마케팅 | 나재승
제 작 | 현대순

발행처 | (주)동양북스
등 록 | 제 2014-000055호 (2014년 2월 7일)
주 소 | 서울시 마포구 동교로22길 14 (04030)
전 화 | (02)337-1737
팩 스 | (02)334-6624

http://www.dongyangbooks.com
m.dongyangbooks.com(모바일)

ISBN 979-11-5768-704-6 13720

중국을 상대로 비즈니스를 하기는 쉽지 않다. 또한 중국을 이해한다는 것은 너무나 막연하다. 그렇다고 많은 시간을 중국 현지에서 보낸다고 중국에 대한 모든 것을 이해할 수 있는 것은 아니다. 중국은 우리가 알기에는 너무 큰 나라이고 오랜 역사를 품고 있는 나라이다.

중국에 진출했던 한국의 수많은 기업도 베트남이나 인도, 동남아시아로 사업장을 이전하고 있고 이제 더 이상 중국 현지 주재원이 중국 기업에 대접받는 시대도 아니다. 그렇지만 중국은 14억 소비시장이 존재하고 한국과 중국은 근접한 지리적 여건으로 인해 서로에게 영향을 주고받으며 함께 성장할 수밖에 없는 현실이다. 중국은 '세계의 공장'에서 '가장 큰 소비국'으로 빠르게 변해가며 한국과의 비즈니스 관계도 바뀌고 있다.

한국과 중국은 1992년 수교 이후 수많은 인적, 물적 교류를 통하여 서로가 발전해 왔고 개인도 대중국 수출입을 통하여 개인의 부를 축적하여 왔다. 최근에는 전자상거래를 통한 한중 양국의 무역은 더욱 늘어나고 있다. 현재 중국은 전자상거래를 통한 무역, 비즈니스를 하기에 최적의 시스템 환경을 제공하고 있고 오픈마켓을 통해 상품을 수입할 수 있으며 상품을 중국의 오픈마켓에 수출할 수 있다. 전자상거래를 통해 무역의 높은 벽이 없어지고, 대기업이든 개인이든 인터넷을 통해 무역을 할 수 있다.

비록 어려운 무역 용어를 잘 모르더라도 비즈니스 중국어와 무역 실무를 익힌다면 어렵지 않게 중국과 비즈니스를 시작할 수 있다. 또한 삶의 경제 영토를 넓히기 위해 우리는 비즈니스 중국어를 알아야 한다.

본 교재는 난이도가 높아 어렵게만 느껴지던 비즈니스 중국어를 초급자가 쉽게 접근할 수 있게 실무자에게 필요한 상황별 비즈니스 표현을 모아 실용적인 내용으로 구성한다.

마지막으로 이 책이 대학 전공자 또는 개인 무역을 준비하는 창업자들과 중국어를 배우려는 학습자에게 조금이나마 도움이 되었으면 하는 바램을 가져 본다.

심하윤(沈厦润)

차례

01 ▪ 소개하기
请问，您贵姓？　　　　　　　20

학습 목표	비즈니스 파트너와의 첫 만남에서 인사 표현을 익혀 봅시다.
학습 내용	지시대명사 | 양사 | 소유격조사 的 | 吗의문문
주요 표현	▪ 请问，您贵姓？　▪ 我来介绍一下，这位是我们公司的金总经理。

02 ▪ 명함 교환하기
这是我的名片。　　　　　　　34

학습 목표	비즈니스의 시작인 명함을 교환하며 나누는 표현을 익혀 봅시다.
학습 내용	동사+一下 | 是자문 | 접속사 如果 | 청유문 请
주요 표현	▪ 这是我的名片。　▪ 如果需要我的帮助，请随时联系我。

03 ▪ 회식하기
我们什么时候聚餐，好呢？　　　　48

학습 목표	비즈니스에 필요한 날짜 표현을 익혀 봅시다.
학습 내용	의문사 什么时候 | 正~呢 | 조동사 想 | 동사 觉得
주요 표현	▪ 我们什么时候聚餐，好呢？　▪ 我正想吃麻辣烫呢。

차례

이 책의 구성과 활용

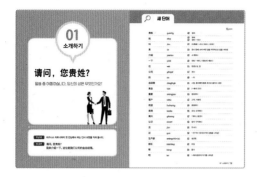

◀ 오프닝

학습 목표를 확인하고 주요 표현을
살펴 봅시다.

◀ 단어

새 단어를 미리 학습해 봅시다.

회화 1, 2 ▶

본 주제와 관련된 비즈니스 상황별
대화문을 배워 봅시다.

◀ 회화 포인트

주요 어법을 정리하고 다양한 예문을
통해 이해해 봅시다.

패턴 익히기 ▶

문장 교체 연습을 통해 자연스럽게
문형을 익혀 봅시다.

◀ 실전 대화 연습

실전 대화 연습을 통해
말하기 실력을 향상시켜 봅시다.

플러스 표현 ▶

주제와 관련된 플러스 표현을 배워 봅시다.

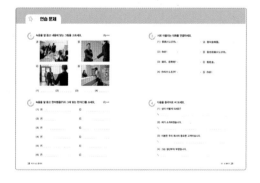

◀ 연습 문제

학습한 내용을 연습 문제를 통해
점검해 봅시다.

비즈니스 TIP ▶

중국의 문화와 비즈니스 에티켓에
대해 알아 봅시다.

중국어 기본 상식

중국어의 상식

중국어란?

중국어는 중국의 한족이 사용한다는 의미로 '한어(汉语, Hànyǔ)'라고 불리며 중국 대륙 외전 세계 15억명이 사용하는 언어이다. 현대 표준 중국어는 베이징 음성을 표준음으로 하고 북방어를 기본으로 하며 '보통화(普通话, pǔtōnghuà)'라고 한다.

 간체자(简体字, jiǎntǐzi): 번체자의 획수를 줄여서 쓰기 편하게 만든 한자로 주로 중국 대륙에서 사용함.

 번체자(繁体字, fántǐzi): 중국에서 전통적으로 써 오던 한자로 대만 등에서 사용함.

 한어병음(汉语拼音, Hànyǔ Pīnyīn): 로마자에 성조 부호를 붙여서 중국어 한자음을 표기함.

중국어의 발음

1. 성조

(🎧) 00-01

성조는 소리의 높낮이를 가리키고 성조에 따라 의미가 달라진다. 중국어의 성조는 기본적으로 네 가지 성조로 구성되어 있다.

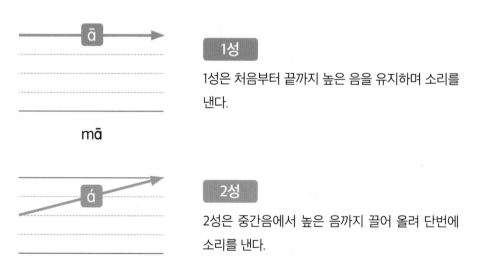

ā mā	**1성** 1성은 처음부터 끝까지 높은 음을 유지하며 소리를 낸다.
á má	**2성** 2성은 중간음에서 높은 음까지 끌어 올려 단번에 소리를 낸다.

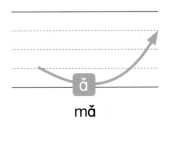

3성

3성은 중간 음에서 낮은음까지 내린 뒤 끝음을 높이 끌어 올려 소리를 낸다.

mǎ

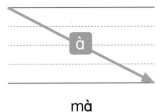

4성

4성은 높은 음에서 낮은 음으로 단숨에 내려 소리를 낸다.

mà

②. 경성

🎧 00-02

짧고 가볍게 내는 소리를 경성이라고 한다. 경성은 성조 부호를 붙이지 않으며 앞 음절의 성조에 따라 경성의 음높이가 결정된다.

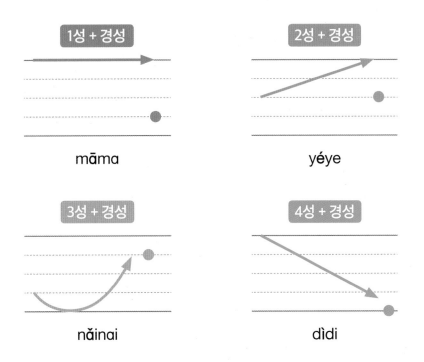

3. 성모(声母) 🎧 00-03

성모는 우리말 자음에 해당하고 총 21개로 구성되어 있다.

1) 입술소리: 위 아래 입술을 붙였다 떼면서 소리를 낸다.

b			bo 뽀어	예 bō 波
p	＋	o	po 포어	예 pò 破
m			mo 모어	예 mō 摸
f			fo 포어 (영어 'f'처럼 발음)	예 fó 佛

2) 혀끝소리: 혀끝을 윗잇몸의 뒷면에 붙였다 떼면서 소리를 낸다.

d			de 뜨어	예 dé 得
t	＋	o	te 트어	예 tè 特
n			ne 느어	예 ne 呢
l			le 르어	예 lè 乐

3) 혀뿌리소리: 혀뿌리를 입천장에 대고 소리를 낸다.

g			ge 끄어	예 gē 歌
k	＋	e	ke 크어	예 kè 课
h			he 흐어	예 hē 喝

4) 혓바닥소리: 혀 앞부분을 입천장 앞쪽에 붙였다 떼면서 소리를 낸다.

j			ji 지	예 jǐ 几
q	＋	i	qi 치	예 qī 七
x			xi 시	예 xī 西

5) 혀와 잇소리: 혀끝을 윗니의 뒷면에 붙였다 떼면서 소리를 낸다.

z			zi 쯔	예 zì 字
c	＋	i	ci 츠	예 cí 词
s			si 쓰	예 sì 四

6) 혀 말은 소리: 혀끝을 윗잇몸 쪽으로 치켜 올려 소리를 낸다.

zh			zhi 즈	예 zhī 支
ch	➕	i	chi 츠	예 chī 吃
sh			shi 스	예 shí 十
r			ri 르	예 rì 日

④ 운모(韵母)

🎧 00-04

운모는 우리말 모음에 해당하고 성모와 결합하여 사용한다.

1) 단운모: 하나의 모음으로 이루어진 단운모는 한국의 모음보다 정확하게 소리를 낸다.

	a	아	예 ā 啊
	o	오어	예 ō 噢
단운모	e	으어	예 è 饿
	i	이	예 yī 一
	u	우	예 wǔ 五
	ü	위 (입 모양 동그랗게 유지)	예 yǔ 雨

2) 복운모: 두 개이상의 단운모가 합쳐진 운모로 하나의 음절처럼 소리를 낸다.

	ai	아이	예 ài 爱
복운모	ei	에이	예 èi 诶
	ao	아오	예 áo 熬
	ou	어우	예 ōu 欧

3) 권설운모: 혀끝을 윗잇몸 쪽으로 치켜 올려 소리를 낸다.

권설운모	er	얼	예 ér 儿

4) 비운모: −n, −ng이 포함된 발음으로 콧소리를 섞어 소리를 낸다.

비운모	an	안	예 àn 按
	en	으언	예 ēn 恩
	ang	아앙	예 áng 昂
	eng	엉	예 ēng 鞥
	ong	오옹	예 lóng 龙

5) 결합 운모: 운모 i, u, ü와 결합된 운모로, 하나의 음절처럼 소리를 낸다.

i 결합 운모	ia	이아	예 yá 牙
	ie	이에	예 yě 也
	iao	이아오	예 yào 要
	iou (표기 iu)	이어우	예 yǒu 有
	ian	이엔	예 yān 烟
	in	인	예 yīn 阴
	iang	이앙	예 yáng 羊
	ing	잉	예 yìng 硬
	iong	이옹	예 yòng 用

u 결합 운모	ua	우아	예 wá 娃
	uo	우어	예 wǒ 我
	uai	우아이	예 wài 外
	uei (표기 ui)	우에이	예 wèi 位
	uan	우안	예 wán 玩
	uen (표기 un)	우언	예 wèn 问
	uang	우앙	예 wáng 王
	ueng	우엉	예 wēng 翁

ü 결합 운모	üe	위에	예 yuè 月
	üan	위엔	예 yuǎn 远
	ün	윈	예 yūn 晕

5. 3성의 성조 변화

● 3성 + 3성

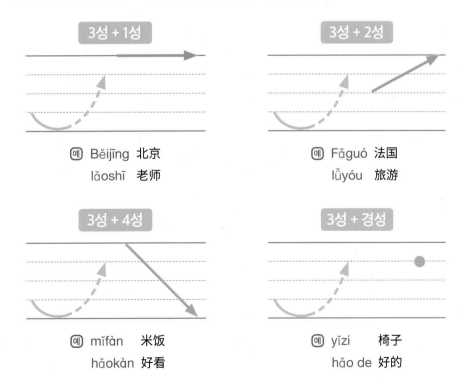

두 개의 3성이 연이어 나오면 앞의 3성은 '2성'으로 발음한다.

🎧 00-05

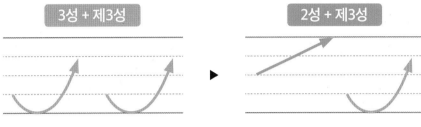

예 Nǐ hǎo　你好
　　měi hǎo　美好

● 3성 + 1·2·4·경성

3성 뒤에 1·2·4·경성이 오면 앞의 3성은 '반 3성'으로 발음한다.

*반 3성은 내려가는 앞부분만 소리 내고 올라가는 뒷부분은 소리 내지 않는다.

예 Běijīng　北京
　　lǎoshī　老师

예 Fǎguó　法国
　　lǚyóu　旅游

예 mǐfàn　米饭
　　hǎokàn　好看

예 yǐzi　　椅子
　　hǎo de　好的

중국어 기본 상식

6. 不의 성조 변화

- 不 bù 뒤에 1·2·3성이 오면 원래 성조인 '4성' 그대로 발음한다.

  예 bùchī 不吃　　　　bùmáng 不忙　　　　bùhǎo 不好

- 不 bù는 원래 4성이지만, 뒤에 4성이 연이어 나오면 '2성'으로 발음한다.

  예 búshì 不是　　　　búqù 不去　　　　búkèqi 不客气

7. 一의 성조 변화

- 一 yī는 원래 1성으로 발음하지만, 뒤에 1·2·3성이 오면 '4성'으로 발음한다.

  예 yìbān 一般　　　　yìnián 一年　　　　yìqǐ 一起

- 一 yī는 뒤에 4성이 오면 '2성'으로 발음한다.

  예 yígòng 一共　　　　yídìng 一定　　　　yíge 一个

8. 성조 표기 규칙

$$a > o, e > i, u, ü$$

1) 성조 부호는 운모 위에 표기한다. 운모가 하나인 경우 해당 운모 위에 표기하고 2개 이상의 운모가 결합된 경우는 운모 순서에 따라 표기한다.

   예 gāo 好　　　　tiē 贴　　　　hùn 混

2) 운모 i 위에 성조를 표기할 때 위의 점을 빼고 그 자리에 성조를 표기한다.

   예 sì 四　　　　bǐ 笔　　　　pí 皮

3) 운모 iu와 ui의 경우 맨 마지막 운모 위의 성조를 표기한다.

   예 guì 贵　　　　xiū 休　　　　shuǐ 水

4) a·o·e 음절이 다른 음절 뒤에 오는 경우 음절을 정확하게 구분하기 위해 격음 부호를 표기한다.

예 Tiān'ānmen 天安门   Shǒu'ěr 首尔   wǎn'ān 晚安

숫자 읽기   🎧 00-08

숫자 1–10까지는 다음과 같다.

1	2	3	4	5
一 yī	二 èr	三 sān	四 sì	五 wǔ

6	7	8	9	10
六 liù	七 qī	八 bā	九 jiǔ	十 shí

☆ 일러두기

* 품사 약어표

대명사	대	명사	명	동사	동	조동사	조동
형용사	형	부사	부	조사	조	전치사	전
접속사	접	수사	수	양사	양	고유명사	고유

* 고유명사 표기: 중국의 지명, 인명 등의 명칭은 중국어 발음대로 표기하였다. 단 한자 독음이 더 친숙한 고유명사는 우리식 한자 독음으로 표기하였다.

10. 한어병음 결합표

> 성모가 없을 때 i를 y로 쓰거나 y를 덧붙인다.

운모 성모	ai	ao	an	ang	ei	en	eng	ia	ie	iao	iou (iu)	ian	iang	in
성모가 없을 때	ai	ao	an	ang	ei	en	eng	ya	ye	yao	you	yan	yang	yin
b	bai	bao	ban	bang	bei	ben	beng		bie	biao		bian		bin
p	pai	pao	pan	pang	pei	pen	peng		pie	piao		pian		pin
m	mai	mao	man	mang	mei	men	meng		mie	miao	miu	mian		min
f			fan	fang	fei	fen	feng							
d	dai	dao	dan	dang	dei	den	deng		die	diao	diu	dian		
t	tai	tao	tan	tang			teng		tie	tiao		tian		
n	nai	nao	nan	nang	nei	nen	neng		nie	niao	niu	nian	niang	nin
l	lai	lao	lan	lang	lei		leng	lia	lie	liao	liu	lian	liang	lin
g	gai	gao	gan	gang	gei	gen	geng							
k	kai	kao	kan	kang	kei	ken	keng							
h	hai	hao	han	hang	hei	hen	heng							
j								jia	jie	jiao	jiu	jian	jiang	jin
q								qia	qie	qiao	qiu	qian	qiang	qin
x								xia	xie	xiao	xiu	xian	xiang	xin
z	zai	zao	zan	zang	zei	zen	zeng							
c	cai	cao	can	cang		cen	ceng							
s	sai	sao	san	sang		sen	seng							
zh	zhai	zhao	zhan	zhang	zhei	zhen	zheng							
ch	chai	chao	chan	chang		chen	cheng							
sh	shai	shao	shan	shang	shei	shen	sheng							
r		rao	ran	rang		ren	reng							

ing	iong	ou	ong	ua	uo	uai	uan	uang	uei (ui)	uen (un)	ueng	üe	üan	ün	er
ying	yong	ou		wa	wo	wai	wan	wang	wei	wen	weng	yue	yuan	yun	er
bing															
ping		pou													
ming		mou													
		fou													
ding		dou	dong		duo		duan		dui	dun					
ting		tou	tong		tuo		tuan		tui	tun					
ning		nou	nong		nuo		nuan					nüe			
ling		lou	long		luo		luan			lun		lüe			
		gou	gong	gua	guo	guai	guan	guang	gui	gun					
		kou	kong	kua	kuo	kuai	kuan	kuang	kui	kun					
		hou	hong	hua	huo	huai	huan	huang	hui	hun					
jing	jiong											jue	juan	jun	
qing	qiong											que	quan	qun	
xing	xiong											xue	xuan	xun	
		zou	zong		zuo		zuan		zui	zun					
		cou	cong		cuo		cuan		cui	cun					
		sou	song		suo		suan		sui	sun					
		zhou	zhong	zhua	zhuo	zhuai	zhuan	zhuang	zhui	zhun					
		chou	chong	chua	chuo	chuai	chuan	chuang	chui	chun					
		shou		shua	shuo	shuai	shuan	shuang	shui	shun					
		rou	rong	rua	ruo		ruan		rui	run					

성모가 없을 때 u를 w로 쓴다.

성모가 없을 때 ü을 yu로 쓴다.

성모 j·q·x가 운모 ü와 결합하는 경우 ¨을 생략하고 u로 표기한다.

01
소개하기

请问，您贵姓？

말씀 좀 여쭙겠습니다, 당신의 성은 무엇인가요?

학습 목표 비즈니스 파트너와의 첫 만남에서 하는 인사 표현을 익혀 봅시다.

주요 표현 请问，您贵姓？
我来介绍一下，这位是我们公司的金总经理。

🎧 01-01

贵姓	guìxìng	명	성씨
姓	xìng	명 동	성씨 성이 ~이다
叫	jiào	동	(이름을) ~라고 부르다, 외치다
来	lái	동	동사 앞에 쓰여 어떤 일을 적극적으로 함을 나타냄
介绍	jièshào	동	소개하다
一下	yíxià	양	한번 ~하다, 시험삼아 해보다
位	wèi	양	(존칭) 분, 명
公司	gōngsī	명	회사
的	de	조	~의
总经理	zǒngjīnglǐ	명	사장, 총지배인(종종 总으로 줄여서 사용)
来自	láizì	동	(~에서) 오다
重要	zhòngyào	형	중요하다
客户	kèhù	명	고객, 거래처
欢迎	huānyíng	동	환영하다
来到	láidào	동	오다, 도착하다
高兴	gāoxìng	형	기쁘다, 즐겁다
认识	rènshi	동	알다, 인식하다
见	jiàn	동	만나다
过	guo	조	~한 적이 있다(과거의 경험을 나타냄)
生产部	shēngchǎn bù	명	생산팀
部长	bùzhǎng	명	부장
帮	bāng	동	돕다
吧	ba	조	~하자(청유의 어기를 나타냄)

🎧 01-02

A 请问，您贵姓？
Qǐngwèn, nín guìxìng?

B 我姓刘，叫亦非。你叫什么名字？
Wǒ xìng Liú,   jiào Yìfēi.   Nǐ jiào shénme míngzi?

A 我叫李博文。
Wǒ jiào Lǐ Bówén.

🎧 01-03

A 我叫李博文。我来介绍一下，这位是我们公司的金总经理。
Wǒ jiào Lǐ Bówén. Wǒ lái jièshào yíxià, zhè wèi shì wǒmen gōngsī de Jīn zǒngjīnglǐ.

这位是来自中国的刘总经理，是我们的重要客户。
Zhè wèi shì láizì Zhōngguó de Liú zǒngjīnglǐ, shì wǒmen de zhòngyào kèhù.

B 您好！我来自我介绍一下！我姓王，叫民。
Nín hǎo! Wǒ lái zì wǒ jièshào yíxià! Wǒ xìng Wáng, jiào Mín.

C 王总，欢迎来到韩国。
Wáng zǒng, huānyíng láidào Hánguó.

B 很高兴认识你！
Hěn gāoxìng rènshi nǐ!

C 认识你我也很高兴！
Rènshi nǐ wǒ yě hěn gāoxìng!

A 你见过生产部的朴部长吗？
Nǐ jiàn guo shēngchǎn bù de Piáo bùzhǎng ma?

B 没有，请你帮我介绍一下吧。
Méiyǒu, qǐng nǐ bāng wǒ jièshào yíxià ba.

1. 지시대명사 这 / 那

중국어의 지시대명사는 这, 那가 있습니다. 这는 '이것', 那는 '저것'을 의미합니다.

	단수	복수	장소
근칭	**这 (个)** 이, 이것 zhè(ge)	**这些** 이것들 zhèxiē	**这儿** 이곳, 여기 zhèr
원칭	**那 (个)** 저, 저것 nà(ge)	**那些** 저것들 nàxiē	**那儿** 그곳, 저기 nàr
의문	**哪 (个)** 어느, 어느것 nǎ(ge)	**哪些** 어느, 어떤 nǎxiē	**哪儿** 어디 nǎr

这是复印机。　　　　이것은 복사기입니다.
Zhè shì fùyìnjī.

那位是刘总经理。　　　저분은 리우 사장님이십니다.
Nà wèi shì Liú zǒngjīnglǐ.

2. 양사(量词)

양사는 사람, 사물, 동작을 세는 단위를 말합니다. 일반적으로 수사는 단독으로 명사를 셀 수 없기 때문에 수사와 명사 사이에 반드시 양사를 넣어 '수사＋양사＋명사'의 순으로 써야 합니다.

一个人 한 사람 yí ge rén	**两本书** 책 두 권 liǎng běn shū	**三张票** 표 세 장 sān zhāng piào

我们公司有一家分公司。　　　우리 회사는 지사가 하나 있습니다.
Wǒmen gōngsī yǒu yì jiā fēngōngsī.

我们公司有三位部长。　　　우리 회사에는 3명의 부장이 있습니다.
Wǒmen gōngsī yǒu sān wèi bùzhǎng.

一盒名片多少钱?　　　명함 한 통은 얼마인가요?
Yì hé míngpiàn duōshao qián?

3. 소유격 조사 的

조사 的는 '~의'라는 뜻으로, 관형어와 중심어 사이에 쓰여 소유나 소속을 나타냅니다.

公司的规定   회사의 규정
gōngsī de guīdìng

总经理的报告   총 지배인의 보고서
zǒngjīnglǐ de bàogào

> ☆ 的가 친척이나 친구, 나라, 회사 등의 단어 앞에 쓰여 소유를 나타낼 때는 的를 생략할 수 있습니다.
>
> 我们的部门 ➡ 我们部门   우리 부서
> wǒmen de bùmén   wǒmen bùmén
>
> 公司的同事 ➡ 公司同事   회사 동료
> gōngsī de tóngshì   gōngsī tóngshì

4. 吗 의문문

의문 조사 吗는 '~입니까?'라는 뜻으로, 평서문 끝에 吗를 붙여 의문을 나타냅니다.

你是公司职员吗?   당신은 회사원인가요?
Nǐ shì gōngsī zhíyuán ma?

这是你的报告吗?   이것은 당신의 보고서인가요?
Zhè shì nǐ de bàogào ma?

这是你的名片吗?   이것은 당신 명함인가요?
Zhè shì nǐ de míngpiàn ma?

复印机 fùyìnjī 뎽 복사기 | 分公司 fēngōngsī 뎽 지점, 자회사 | 盒 hé 얭 갑(작은 상자를 세는 단위) | 规定 guīdìng 뎽 규정, 규칙 | 报告 bàogào 뎽 보고(서), 리포트 | 部门 bùmén 뎽 부서, 부문 | 同事 tóngshì 뎽 동료, 동업자 | 职员 zhíyuán 뎽 회사원, 직원 | 公务员 gōngwùyuán 뎽 공무원

패턴 익히기

🎧 01-04

1

| A | 叫什么名字? | A의 이름은 무엇입니까? |

你
Nǐ

他
Tā

她
Tā

叫
jiào

什么名字?
shénme míngzi?

🎧 01-05

2

我姓 A , 叫 B 。 저는 성이 A이고, B라고 불립니다.

我姓
Wǒ xìng

王,
Wáng,

吴,
Wú,

李,
Lǐ,

刘,
Liú,

叫
jiào

林。
Lín.

希。
Xī.

晶晶。
Jīngjīng.

建。
Jiàn.

3

我来介绍一下，这位是 A 。

제가 소개하겠습니다,
이분은 A입니다.

我们公司的王总。
wǒmen gōngsī de Wáng zǒng.

我来介绍一下，这位是
Wǒ lái jièshào yíxià,　zhè wèi shì

我们公司的客户。
wǒmen gōngsī de kèhù.

我们的业务合作人。
wǒmen de yèwù hézuòrén.

业务 yèwù 몡 업무, 일 | 合作人 hézuòrén 몡 파트너, 협력자

🎧 01-07

1

A 请问，您贵姓？
Qǐngwèn, nín guìxìng?

B 我姓李，叫博文。
Wǒ xìng Lǐ, jiào Bówén.

🎧 01-08

2

A 你叫什么名字？
Nǐ jiào shénme míngzi?

B 我叫金升民。
Wǒ jiào Jīn Shēngmín.

🎧 01-09

3

A 请问，怎么称呼？
Qǐngwèn, zěnme chēnghu?

B 我姓金，叫小金就行了。
Wǒ xìng Jīn, jiào xiǎo jīn jiù xíng le.

🎧 01-10

4

A 好久不见!
Hǎo jiǔ bú jiàn!

B 好久不见，最近怎么样？
Hǎo jiǔ bú jiàn, zuìjìn zěnmeyàng?

단어 称呼 chēnghu 图 부르다 | 行 xíng 휑 괜찮다, 좋다 | 好 hǎo 图 아주, 매우 | 久 jiǔ 图 오랫동안 | 最近 zuìjìn
명 최근, 요즘

인사 관련 표현

🎧 01-11

初次见面。	Chūcì jiànmiàn.	처음 뵙겠습니다.
一路上辛苦了。	Yílùshàng xīnkǔ le.	오시느라 고생하셨습니다.
久仰大名。	Jiǔyǎngdàmíng.	존함을 익히 들었습니다.
久仰久仰。	Jiǔyǎng jiǔyǎng.	말씀 많이 들었습니다.
幸会幸会。	Xìnghuì xìnghuì.	만나 뵙게 되어 반갑습니다.
见到您很荣幸。	Jiàndào nín hěn róngxìng.	만나 뵙게 되어 영광입니다.
今日方得幸会。	Jīnrì fāngdé xìnghuì.	오늘 만나 뵙게 되어 기쁩니다.
请多多指教。	Qǐng duōduō zhǐjiào.	잘 부탁드립니다.
请多多关照。	Qǐng duōduō guānzhào.	잘 부탁드립니다.
后会有期。	Hòuhuìyǒuqī.	후에 또 만납시다.
那我先告辞了。	Nà wǒ xiān gàocí le.	그럼 먼저 가보겠습니다.
一路平安。	Yílù píng'ān.	가시는 길 편안하세요.
路上小心。	Lùshàng xiǎoxīn.	조심히 가세요.
一路顺风。	Yílù shùnfēng.	조심히 가세요.
不见不散。	Bú jiàn bú sàn.	만날 때까지 기다릴게요.
天下没有不散的宴席。	Tiānxià méiyǒu bú sàn de yànxí.	만나면 반드시 헤어짐이 있습니다.

녹음을 잘 듣고 내용에 맞는 그림을 고르세요.　🎧 01-12

A

B

C

D

(1) _____　(2) _____　(3) _____　(4) _____

2. 녹음을 잘 듣고 한어병음(P)과 그에 맞는 한자(C)를 쓰세요.　🎧 01-13

(1) P _____　C _____

(2) P _____　C _____

(3) P _____　C _____

(4) P _____　C _____

(5) P _____　C _____

(6) P _____　C _____

3. 서로 어울리는 대화를 연결하세요.

(1) 很高兴认识你。 •   • A 我叫金韩国。

(2) 你好！ •   • B 我也很高兴认识你。

(3) 请问，您贵姓？ •   • C 我姓金。

(4) 你叫什么名字？ •   • D 你好！

4. 다음을 중국어로 써 보세요.

(1) 성이 어떻게 되세요?

_____

(2) 제가 소개 좀 할게요.

_____

(3) 이분은 우리 회사의 중요한 고객이에요.

_____

(4) 그는 생산부의 부장이에요.

_____

중국이란?

중국은 한국과 위치적으로 인접한 나라이며, 경제적으로도 아주 밀접한 나라입니다. 때문에 치열한 글로벌 시대에 우리나라 기업들이 중국과 비즈니스를 하기 위해서는 다양한 각도로 중국을 이해할 필요가 있습니다. 특히 중국 각 지역 환경의 특성, 문화 및 해당 지역 상관습에 대해 알아야 하고, 중국의 중앙 정부 및 지방 정부에 대한 이해도 필요합니다.

그럼 먼저 중국에 대한 개요를 알아봅시다. 중국은 55개의 소수 민족과 한족으로 이루어진 다민족 국가로, 한족이 그중 92% 이상을 차지합니다. 또한 22개의 성과 4개의 직할시(베이징, 상하이, 텐진, 충칭), 5개의 소수 민족 자치구(네이멍구, 광시장, 신장웨이우얼, 닝샤후이, 시짱), 2개의 특별 행정 구역(샹강, 마카오)으로 구성되어 있습니다.

수도	베이징
면적	9,596,960㎢(세계 4위, CIA 기준)
언어	한어
인구	14억(중국 통계 연감 2019년 기준)
화폐	元(CNY)
민족	한족과 55개의 소수 민족

면적이 넓고 다양한 민족으로 이루어진 중국을 하나의 비즈니스 대상으로 볼 것이 아니라 지역별, 민족별 등 다양한 시각에서 바라보아야 합니다. 예를 들어, 남방 지역은 날씨가 따뜻하고 산맥이 많은 것에 비해, 북방 지역은 비교적 사계절이 뚜렷하고 광활한 평야 지대가 많습니다. 또한 북방 지역의 주식은 밀이고, 남방 지역의 주식은 쌀입니다. 이렇듯 지역마다 기후나 경제 수준에 큰 차이가 있어 각 지역 환경의 특성, 경제 수준, 교통 환경, 주요 추진 사업 등을 알아야 하며 문화 환경에 있어서 의식주, 여가 생활 등 어떠한 지역 특색이 있는지도 이해가 필요합니다. 뿐만 아니라 지역별, 민족별 특징, 소비 패턴 등도 이해해야 합니다.

양회(兩会)는 중국에서 연례 행사로 매년 3월마다 개최되는 전국인민대표대회(전인대)와 전국인민정치협상회의(정협)를 통칭하는 용어로 정치, 경제, 사회, 외교 등 국정 운영의 전반적인 목표와 방향을 제시하고 설정하는 회의입니다. 2012년 양회에서 시작하여 현재까지 꾸준히 논의가 되고 있는 일대일로(一帶一路) 정책은 21세기 해상 실크로드 프로젝트로 한국에서도 큰 화제가 되고 있는 중국의 국가 프로젝트입니다. 이처럼 양회에서 다뤄진 중국의 국정 운영 계획은 중국 정부의 경제 성장 목표와 개혁 방향을 가늠해 볼 수 있기 때문에 세계 경제에도 중요한 의의가 있습니다. 이에 중국과의 비즈니스를 준비하는 기업이나 개인은 중국 중앙 정부가 매년 양회를 통해 발표하는 중국의 국가 운영 원칙을 이해하고, 추진하려는 산업과 규제하는 산업 이외에 외국계 기업에 대한 중국 정부의 규제 및 혜택을 잘 알아야 합니다.

▶ 전인대와 정협 비교

구분	전국인민대표회의	전국인민정치협상회의
성격	국가 최고 권력 기관(의회)	국가 정책 자문 기구
구성	성, 자치구, 직할시와 특별 행정구(홍콩, 마카오), 군부 등에서 선출	공산당을 비롯한 중국내 정당 및 정치 단체, 직능단체 대표로 구성
인원	2,987명(2,965명 참석)	2,227명(2,153명 참석)
회기	3월 5일~15일	3월 3일~13일
기능	정부 업무 보고, 법률 제정, 예산 심의, 국가 주석/부주석 선출 등	국정 방침 토의 전인대에 제출할 결의안 심의

02

명함 교환하기

这是我的名片。

이것은 제 명함입니다.

🎧 02-01

名片	míngpiàn	명	명함
交换	jiāohuàn	동	교환하다, 바꾸다
抱歉	bàoqiàn	동	미안하게 생각하다
没带	méi dài		가지고 있지 않다
没关系	méi guānxi		괜찮다, 관계가 없다
如果	rúguǒ	접	만일, 만약
的话	dehuà	조	~이면, ~한다면
留下	liúxià	동	남기다, 남겨 두다
联系	liánxì	명 동	연락(하다)
方式	fāngshì	명	방식, 방법
当然	dāngrán	형	당연하다
手机	shǒujī	명	휴대폰
号码	hàomǎ	명	번호
邮箱	yóuxiāng	명	우편함, 사서함
地址	dìzhǐ	명	주소
需要	xūyào	동	필요로 하다, 요구되다
帮助	bāngzhù	명	도움
随时	suíshí	부	수시로, 아무 때나
以后	yǐhòu	명	이후, 금후
保持	bǎochí	동	지키다, 유지하다

🎧 02-02

A 我们交换一下名片吧！这是我的名片。
　Wǒmen jiāohuàn yíxià míngpiàn ba! Zhè shì wǒ de míngpiàn.

B 谢谢！这是我的名片。
　Xièxie!　　Zhè shì wǒ de míngpiàn.

C 对不起，我现在没有名片。
　Duìbuqǐ,　　wǒ xiànzài méiyǒu míngpiàn.

🎧 02-03

A 我们交换一下名片吧！这是我的名片。
　　Wǒmen jiāohuàn yíxià míngpiàn ba! Zhè shì wǒ de míngpiàn.

B 谢谢！很抱歉，我没带名片。
　　Xièxie!　Hěn bàoqiàn, wǒ méi dài míngpiàn.

A 没关系。如果可以的话，能给我留下联系方式吗？
　　Méi guānxi.　Rúguǒ kěyǐ dehuà,　néng gěi wǒ liúxià liánxì fāngshì ma?

B 当然，这是我的手机号码和邮箱地址。
　　Dāngrán, zhè shì wǒ de shǒujī hàomǎ hé yóuxiāng dìzhǐ.

A 谢谢，很高兴见到你。
　　Xièxie, hěn gāoxìng jiàndào nǐ.

　　如果需要我的帮助，请随时联系我。
　　Rúguǒ xūyào wǒ de bāngzhù, qǐng suíshí liánxì wǒ.

B 好的。以后我们保持联系。
　　Hǎo de.　Yǐhòu wǒmen bǎochí liánxì.

1. 동사 + 一下

一下는 '좀 ~하다, 한번 ~하다'라는 뜻으로, 동사 뒤에 一下를 쓰면 가볍게 동작을 해본다는 의미가 됩니다.

请等一下。　　　잠시 기다려 주세요.
Qǐng děng yíxià.

我看一下。　　　제가 좀 볼게요.
Wǒ kàn yíxià.

你听一下。　　　당신이 한번 들어 보세요.
Nǐ tīng yíxià.

2. 是자문

是자문은 '~이다'라는 의미의 동사 是를 술어로 삼는 문장을 말합니다. 기본형은 'A 是 B'로, 'A는 B이다'라는 뜻을 나타내고, 부정형 'A 不是 B'는 'A는 B가 아니다'라는 뜻을 나타냅니다.

A 你是哪国人?　　　당신은 어느 나라 사람입니까?
Nǐ shì nǎ guó rén?

B 我是韩国人。　　　나는 한국 사람입니다.
Wǒ shì Hánguórén.

A 这是你们公司吗?　　여기가 당신들 회사입니까?
Zhè shì nǐmen gōngsī ma?

B 这不是我们公司。　　여기는 저희 회사가 아닙니다.
Zhè búshì wǒmen gōngsī.

3. 접속사 如果

如果는 '만약, 만일'이라는 뜻의 접속사로, 如果~的话의 형태로 써서 '만약 ~한다면'이라는 뜻을 나타내는데, 뒤의 的话는 생략이 가능합니다.

如果下雨的话，我不去。　　만약 비가 오면, 나는 안 간다.
Rúguǒ xià yǔ dehuà, wǒ bú qù.

如果明天天气好，我们就去爬山。
Rúguǒ míngtiān tiānqì hǎo, wǒmen jiù qù páshān.
내일 날씨 좋으면, 우리 등산갑시다.

你如果有困难，我可以帮助你。
Nǐ rúguǒ yǒu kùnnán, wǒ kěyǐ bāngzhù nǐ.
만약 당신에게 어려움이 있다면, 제가 도와줄 수 있어요.

4. 청유문 请

请은 '~하세요', '~해 주세요'라는 뜻으로, 정중한 권유나 명령의 의미를 나타냅니다.

请进。　　들어오세요!
Qǐng jìn.

不要茶，请给我水。　　차 말고, 물 주세요.
Búyào chá, qǐng gěi wǒ shuǐ.

请用英文再说一遍。　　영어로 다시 한 번 말해 주세요.
Qǐng yòng Yīngwén zài shuō yíbiàn.

단어

明天 míngtiān 몡 내일 | 天气 tiānqì 몡 날씨 | 爬山 páshān 통 등산하다 | 困难 kùnnán 몡 곤란, 어려움 |
茶 chá 몡 차 | 水 shuǐ 몡 물 | 用 yòng 통 사용하다, 쓰다 | 英文 Yīngwén 몡 영어 | 遍 biàn 양 번, 회

🎧 02-04

1

这是我的 A 。　이것은 저의 A입니다.

这是我的
Zhè shì wǒ de

名片。
míngpiàn.

电话号码。
diànhuà hàomǎ.

电邮地址。
diànyóu dìzhǐ.

手机号码。
shǒujī hàomǎ.

🎧 02-05

2

我没带 A 。　저는 A를 가지고 있지 않습니다.

我没带
Wǒ méi dài

名片。
míngpiàn.

手机。
shǒujī.

护照。
hùzhào.

现金。
xiànjīn.

3

能给我留下 A 吗?　A를 저에게 남겨 주실 수 있으십니까?

电话号码
diànhuà hàomǎ

能给我留下　　　地址　　　吗?
Néng gěi wǒ liúxià　　dìzhǐ　　　ma?

短信
duǎnxìn

단어

电话号码 diànhuà hàomǎ 몡 전화 번호 | **电邮地址** diànyóu dìzhǐ 몡 이메일 주소 | **护照** hùzhào 몡 여권 |
现金 xiànjīn 몡 현금 | **短信** duǎnxìn 몡 문자 메시지

실전 대화 연습

02-07

1

A 我们交换一下名片吧！这是我的名片。
Wǒmen jiāohuàn yíxià míngpiàn ba! Zhè shì wǒ de míngpiàn.

B 谢谢！这是我的名片。
Xièxie! Zhè shì wǒ de míngpiàn.

02-08

2

A 我们交换一下名片吧！这是我的名片。
Wǒmen jiāohuàn yíxià míngpiàn ba! Zhè shì wǒ de míngpiàn.

B 谢谢！真不好意思，我没带名片。
Xièxie! Zhēn bùhǎoyìsi, wǒ méi dài míngpiàn.

02-09

3

A 你能留个联系方式吗？
Nǐ néng liú ge liánxì fāngshì ma?

B 当然，这是我的手机号码。
Dāngrán, zhè shì wǒ de shǒujī hàomǎ.

02-10

4

A 以后我们保持联系！
Yǐhòu wǒmen bǎochí liánxì!

B 一定。以后要向你请教啊！
Yídìng. Yǐhòu yào xiàng nǐ qǐngjiào a!

단어 留 liú 图 남기다 | 一定 yídìng 图 반드시 | 向 xiàng 전 ~에게 | 请教 qǐngjiào 图 가르침을 청하다

플러스 표현

🎧 02-11

명함 관련 표현

公司名称	gōngsī míngchēng	회사 명칭
姓名	xìngmíng	성명
职位	zhíwèi	직위
办公室电话	bàngōngshì diànhuà	사무실 전화
手机号码	shǒujī hàomǎ	휴대폰 번호
地址	dìzhǐ	주소
电子邮件	diànzǐ yóujiàn	이메일
网址	wǎngzhǐ	웹 사이트 주소

기업 관련 용어

品牌创立时期	pǐnpái chuànglì shíqī	브랜드 창립 시기(창립일)
品牌官网	pǐnpái guānwǎng	브랜드 홈페이지
法定代表人	fǎdìng dàibiǎorén	법정 대표자
注册资本	zhùcè zīběn	등록 자본
登记机关	dēngjì jīguān	등록 기관
企业类型	qǐyè lèixíng	기업 유형
行政区划	xíngzhèng qūhuà	행정 구역
经营状态	jīngyíng zhuàngtài	경영 상태

① 녹음을 잘 듣고 내용에 맞는 그림을 고르세요. 🎧 02-12

A

B

C

D

(1) _____ (2) _____ (3) _____ (4) _____

② 녹음을 잘 듣고 한어병음(P)과 그에 맞는 한자(C)를 쓰세요. 🎧 02-13

(1) P _____   C _____

(2) P _____   C _____

(3) P _____   C _____

(4) P _____   C _____

(5) P _____   C _____

(6) P _____   C _____

3. 서로 어울리는 대화를 연결하세요.

(1) 我没带名片。　　　　·　　·　A　谢谢。

(2) 这是我的名片。　　　　·　　·　B　以后一定向你请教。

(3) 以后我们保持联系。　　·　　·　C　当然，这是我的手机号码。

(4) 能给我留下联系方式吗?·　　·　D　没关系!

4. 다음을 중국어로 써 보세요.

(1) 저희 명함 교환하시죠!

✎ _____

(2) 죄송한데, 제가 명함을 가지고 있지 않아요.

✎ _____

(3) 이것은 저의 휴대폰 번호예요.

✎ _____

(4) 이후에 우리 계속 연락해요.

✎ _____

중국의 꽌시(关系) 문화

중국의 꽌시 문화는 한국에서도 잘 알려진 중국 특유의 문화로, 중국과 비즈니스를 하는 사람들은 계약보다는 '꽌시'가 중요하다고 말합니다. '시장을 법과 규정만으로 읽을 수 없는 곳이 바로 중국'이라는 속성을 간파한 것입니다. 꽌시는 혈연, 학연, 지연, 직연을 중심으로 이루어집니다. 특히 지방으로 갈수록 더욱 두드러지게 나타나는데, 중앙 정부의 입김이 통하지 않는 곳도 많다고 합니다.

▶ 그럼 외국인이 중국 시장에 꽌시를 만들 수 있을까요?

없다고 보는 것이 맞습니다. 단, 그나마 학연이나 지연을 통해 중국인과 꽌시를 맺을 수 있습니다. 꽌시를 글자 그대로 보면 '관계'라는 의미가 있지만, 그 속에 내포된 의미를 알아야 합니다. 꽌(关)은 '어떤 조직에 속하다.' 또는 '관심', '관조'의 뜻이고, 시(系)는 '관계를 맺어 유지하다'는 의미를 내포하고 있습니다. 이처럼 꽌시는 오랜 시간 동안 상호 간의 신뢰를 쌓고 믿음이 생겨 내부적 단결력이 높은 관계를 말하며, 단순한 인간관계와 달리 암묵적으로 상호 간 이익을 추구한다는 특징을 가지고 있습니다. 중국인들에게 있어 꽌시는 단순히 개인과 개인의 관계를 벗어나 국가의 경영이나 경제 시스템의 기저를 이루는 바탕입니다.

판쥐(饭局)는 꽌시 문화 중 하나로 '밥을 먹다'와 '바둑 수를 둔다'는 의미의 두 단어가 합쳐 '밥 먹으며 상대와 수를 둔다'는 뜻입니다. 이처럼 중국인들에게 식사 자리는 관계의 장이자, 업무의 연장선이라 할 수 있습니다. 중국 비즈니스 문화 중 하나로, 평상시 자주 만나서 식사와 차를 함께하며 관계를 맺는 것이 중요합니다.

▶ 꽌시가 어렵다면 우리는 어떻게 해야 할까요?

중국 비즈니스에서 꽌시도 중요하지만, 자신의 능력만큼 중요한 것은 없습니다. 평소에 중국어 실력을 높이고 중국 문화, 역사를 부지런히 공부하여 자신의 실력을 만들어 가는 것이 중요합니다. 더불어 '겸손과 관심 그리고 진심'으로 관계를 맺는다면 중국인과의 비즈니스는 성공적일 것입니다.

我们什么时候聚餐，好呢？

우리 언제 회식하는 게 좋을까요?

학습 목표	비즈니스에 필요한 날짜 표현을 익혀 봅시다.
주요 표현	我们什么时候聚餐，好呢？ 我正想吃麻辣烫呢。

🎧 03-01

什么时候	shénme shíhou	대	언제
聚餐	jùcān	동	회식하다
周五	zhōuwǔ	명	금요일
炸鸡店	zhájī diàn	명	치킨 가게
星期五	xīngqīwǔ	명	금요일
达成	dáchéng	동	달성하다, 도달하다
销售	xiāoshòu	명	판매, 매출
目标	mùbiāo	명	목표
这次	zhècì	명	이번
大家	dàjiā	대	여러분
都	dōu	부	모두, 다
菜	cài	명	음식
麻辣烫	málàtàng	명	마라탕
正	zhèng	부	마침, 딱
觉得	juéde	동	~라고 느끼다, ~라고 생각하다
订	dìng	동	예약하다
前面	qiánmian	명	앞, 전면
一共	yígòng	부	모두, 전부
名	míng	양	사람을 세는 단위
预约	yùyuē	동	예약하다
希望	xīwàng	동	희망하다

🎧 03-02

A 我们什么时候聚餐，好呢?
　Wǒmen shénme shíhòu jùcān,　hǎo ne?

B 这周五晚上在炸鸡店聚餐，怎么样?
　Zhè zhōuwǔ wǎnshang zài zhájī diàn jùcān,　zěnmeyàng?

A 好吧，我们星期五在炸鸡店聚餐吧。
　Hǎo ba,　wǒmen xīngqīwǔ zài zhájī diàn jùcān ba.

03-03

A 这个月我们部门达成了销售目标。
Zhè ge yuè wǒmen bùmén dáchéng le xiāoshòu mùbiāo.

B 恭喜大家。这周聚餐吧!
Gōngxǐ dàjiā.　　Zhè zhō jùcān ba!

A 这次聚餐大家都想吃什么菜?
Zhècì jùcān dàjiā dōu xiǎng chī shénme cài?

B 我们吃麻辣烫，怎么样?
Wǒmen chī málàtàng,　　zěnmeyàng?

A 我正想吃麻辣烫呢，什么时候聚餐?
Wǒ zhèng xiǎng chī málàtàng ne, shénme shíhou jùcān?

B 这周五晚上觉得怎么样?
Zhè zhōuwǔ wǎnshang juéde zěnmeyàng?

A 好的。那我就订公司前面的麻辣烫店吧。
Hǎo de.　　Nà wǒ jiù dìng gōngsī qiánmian de málàtàng diàn ba.

一共四名，预约了星期五晚上。
Yígòng sì míng,　　yùyuē le xīngqīwǔ wǎnshang.

B 谢谢。希望星期五快点来。
Xièxie.　　Xīwàng xīngqīwǔ kuài diǎn lái.

1. 의문사 什么时候

什么时候는 '언제'라는 뜻을 가진 의문사로, 어떤 시점이나 구체적인 시간을 물을 때 사용합니다.

你们什么时候回国? 　　　당신들은 언제 귀국하나요?
Nǐmen shénme shíhou huíguó?

中国顾客什么时候到餐馆? 　　　중국 손님은 언제 식당에 도착하나요?
Zhōngguó gùkè shénme shíhou dào cānguǎn?

王经理什么时候出发? 　　　왕 사장님은 언제 출발하나요?
Wáng jīnglǐ shénme shíhou chūfā?

2. 正~呢

부사 正은 조사 呢와 호응해 '마침 ~하는 중이다'라는 뜻을 나타냅니다. 이때 呢는 생략할 수 없습니다.

他们正吃饭呢。 　　　그들은 마침 식사하는 중이다.
Tāmen zhèng chīfàn ne.

我正要招待你呢。 　　　나는 막 당신을 초대하려던 참이다.
Wǒ zhèng yào zhāodài nǐ ne.

我正想打电话给你呢。 　　　나는 마침 당신에게 전화하려던 참이다.
Wǒ zhèng xiǎng dǎ diànhuà gěi nǐ ne.

3. 조동사 想

조동사 想은 '~하고 싶다'라는 뜻의 조동사로, 부정형은 不想입니다.

我想去中国。　　　나는 중국에 가고 싶다.
Wǒ xiǎng qù zhōngguó.

我想吃中国菜。　　나는 중국음식 먹고 싶다.
Wǒ xiǎng chī Zhōngguócài.

我不想见他。　　　나는 그를 만나고 싶지 않다.
Wǒ bù xiǎng jiàn tā.

4. 동사 觉得

觉得는 주관적인 느낌이나 사람 또는 사물에 대한 생각을 표현할 때 쓰는 동사입니다.

我觉得中国菜很好吃。　　나는 중국 요리가 맛있다고 생각한다.
Wǒ juéde Zhōngguócài hěn hǎochī.

我觉得这产品非常便宜。　　나는 이 제품이 매우 싸다고 생각한다.
Wǒ juéde zhè chǎnpǐn fēicháng piányi.

我们觉得星期四聚餐好。　　우리는 목요일에 회식하는 게 좋다고 생각한다.
Wǒmen juéde xīngqīsì jùcān hǎo.

단어

回国 huíguó 동 귀국하다 | 顾客 gùkè 명 고객, 손님 | 餐馆 cānguǎn 명 식당 | 经理 jīnglǐ 명 사장, 매니저 |
出发 chūfā 동 출발하다 | 招待 zhāodài 동 대접하다, 초대하다 | 菜 cài 명 요리 | 产品 chǎnpǐn 명 제품 | 非
常 fēicháng 부 대단히 | 便宜 piányi 형 (값이) 싸다

🎧 03-04

1

我们什么时候 [A] ?　우리는 언제 A합니까?

我们什么时候
Wǒmen shénme shíhòu

回家?
huíjiā?

再见?
zàijiàn?

能做完?
néng zuò wán?

🎧 03-05

2

我正想吃 [A] 呢。　저는 마침 A가 먹고 싶어요.

我正想吃
Wǒ zhèng xiǎng chī

麻辣烫
málàtàng

火锅
huǒguō

呢。
ne.

中国菜
zhōngguócài

3

我们　A　怎么样?　　우리 A하는 게, 어떨까요?

吃饭,
chīfàn,

我们　　　　　　一起去,　　　　怎么样?
Wǒmen　　　　　yìqǐ qù,　　　　zěnmeyàng?

运动,
yùndòng,

📎 단어

回家 huíjiā 통 귀가하다 | **做** zuò 통 하다 | **完** wán 통 완성하다, 끝마치다 | **火锅** huǒguō 명 훠궈(중국식 샤브샤브) | **运动** yùndòng 통 운동하다

실전 대화 연습

🎧 03-07

1

A 这个月我们部门达成了销售目标。
Zhè ge yuè wǒmen bùmén dáchéng le xiāoshòu mùbiāo.

B 恭喜大家。这周聚餐吧。
Gōngxǐ dàjiā.　Zhè zhōu jùcān ba.

🎧 03-08

2

A 中国客户什么时候到餐馆?
Zhōngguó kèhù shénme shíhou dào cānguǎn?

B 他们已经到了。
Tāmen yǐjing dào le.

🎧 03-09

3

A 我们什么时候聚餐?
Wǒmen shénme shíhou jùcān?

B 我觉得星期四聚餐好。
Wǒ juéde xīngqīsì jùcān hǎo.

🎧 03-10

4

A 你为什么喜欢韩国菜?
Nǐ wèishénme xǐhuan Hánguócài?

B 我觉得韩国料理有益于健康。
Wǒ juéde Hánguó liàolǐ yǒuyì yú jiànkāng.

단어 餐馆 cānguǎn 몡 식당 | 客人 kèrén 몡 손님 | 已经 yǐjing 뷔 이미, 벌써 | 到 dào 통 도착하다 | 为什么 wèishénme 때 왜, 어째서 | 料理 liàolǐ 몡 요리 | 有益 yǒuyì 혱 유익하다 | 于 yú 전 ～에, ～에게 | 健康 jiànkāng 몡 건강

🎧 03-11

중국 4대 요리

鲁菜	lǔcài	명	산둥 요리
苏菜	sūcài	명	장쑤 요리
川菜	chuāncài	명	쓰촨 요리
粤菜	yuècài	명	광둥 요리

음식 맛 관련 표현

咸	xián	형	짜다
淡	dàn	형	싱겁다
酸	suān	형	시다
甜	tián	형	달다
苦	kǔ	형	쓰다
辣	là	형	맵다
油腻	yóunì	형	느끼하다, 기름지다

중국 메뉴 관련 표현

冷菜	lěngcài	명	냉채, 전채(前菜)
热菜	rècài	명	익힌 요리
蔬菜类	shūcàilèi	명	채소류
肉类	ròulèi	명	육류
鱼类	yúlèi	명	어류
汤类	tānglèi	명	탕류, 수프류
主食类	zhǔshílèi	명	식사류
酒类	jiǔlèi	명	주류

녹음을 잘 듣고 내용에 맞는 그림을 고르세요. 🎧 03-12

A
B

C
D

(1) _____ (2) _____ (3) _____ (4) _____

 녹음을 잘 듣고 한어병음(P)과 그에 맞는 한자(C)를 쓰세요. 🎧 03-13

(1) P _____ C _____

(2) P _____ C _____

(3) P _____ C _____

(4) P _____ C _____

(5) P _____ C _____

(6) P _____ C _____

3. 서로 어울리는 대화를 연결하세요.

(1) 我们吃中国菜怎么样? ·   · A 我不想吃中国菜。

(2) 我们什么时候聚餐，好呢? ·   · B 我正想吃麻辣烫呢。

(3) 我们吃麻辣烫，怎么样? ·   · C 他们已经到了。

(4) 中国客户什么时候到餐馆? ·   · D 我觉得星期四好。

4. 다음을 중국어로 써 보세요.

(1) 이번 회식에 다들 무슨 음식이 먹고 싶어요?

_____

(2) 나는 마침 마라탕이 먹고 싶어요.

_____

(3) 우리 언제 회식할까요?

_____

(4) 저는 수요일이 좋다고 생각해요.

_____

중국의 식사 예절

식(食)문화가 풍부하기로 유명한 중국에서 '식사 예절'은 중요한 문화 중 하나입니다. 중국 비즈니스에 맞는 테이블 매너 및 식사 에티켓에 대해 알아봅시다.

1. 자리 배정 중국 파트너에게 식사 초대를 받으면 초대자(호스트)가 좌석을 지정하여 손님이 앉게 되는데, 일반적인 원형 테이블을 예로 들면 출입문이 마주 보이는 자리에 초대자가 앉고, 초대자의 왼편에 초대받은 손님이 앉으며, 나머지 손님들은 자연스럽게 초대자의 안내에 따라 자리에 앉으면 됩니다.

2. 식사 순서 중국의 코스 요리는 보통 '냉채류 → 볶음 → 튀김요리 → 만두, 면, 밥 등의 주식 → 탕'의 순서로 나오는데, 대략 4명이 함께 식사를 하면 요리는 5개 정도 주문하는 것이 적당합니다.

3. 식사 시 중국인들은 식사할 때 국그릇과 접시는 탁자에 두고 먹으며, 밥은 들고 먹습니다. 그리고 빈 접시는 뼈나 가시, 씨 등 음식물 찌꺼기를 버리는 용도이며, 국은 둥글고 안이 움푹한 그릇에 덜어서 먹습니다. 또한, 국은 그릇을 들고 먹지 않으며 숟가락을 이용해서 먹습니다. 밥은 숟가락이 아닌 젓가락으로 먹고, 숟가락은 국을 먹을 때 사용합니다. 중국은 음식을 남기는 것을 예의라고 생각합니다. 음식을 남기지 않고 다 먹으면, 초대자가 접대가 부족했다고 생각하기 때문입니다.

4. 테이블 중국 식당에서는 일반적으로 회전 테이블 사용하는데, 초대자가 손님 쪽으로 음식을 돌리거나 음식을 덜어 주어 손님을 배려합니다. 회전 테이블을 돌리는 방향은 일반적으로 시계 방향으로 돌립니다.

5. 건배 제의 술을 마실 때는 무조건 원샷으로 마셔야 하는 것은 아니지만, 만약 본인이 건배를 제의할 때에는 꼭 잔을 비워야 합니다. 그리고 잔을 부딪칠 때 자신보다 상급자이거나 연장자일 경우 자신의 잔을 상대보다 낮게 들어 부딪칩니다. 그리고 잔을 부딪치는 상대가 너무 멀리 떨어져 있다면, 잔을 테이블 또는 테이블 중간에 있는 회전 유리에 두 번 부딪치는 것으로 대체 가능합니다.

6. **첨잔** 중국인들은 술을 마실 때, 잔에 술이 반 정도 남았어도 잔을 채워줍니다. 이를 첨잔이라고 하는데, 중간중간 잔에 술이 비지 않게 채워주는 것이 예의라고 생각하기 때문입니다.

7. **계산** 계산은 보통 약속할 때 먼저 밥을 먹자고 한 사람이 내는 것이 일반적이기 때문에 초대자가 식사비를 계산합니다.

중국 비즈니스에서 식사 자리는 꽌시(关系)를 만들기 때문에 단순히 식사하는 것이 아니라 비즈니스의 연장이라고 생각해야 합니다. 중국인들은 식사 자리를 중요하게 생각하기 때문에 중국 음식에 대한 기본적 이해가 필요합니다. 또한 중국에서 사업할 때 비즈니스만 해서는 좋은 결과를 얻을 수 없고, 중국인들과 친구가 되어야 하는데, 친구가 되는 가장 좋은 방법 중 하나는 함께 식사하고 대화를 하는 것입니다.

또한 그 나라의 음식을 아는 것은 단지 '식사'로 끝나는 것이 아니라, 상대방의 문화에 대한 존중과 이해를 드러내는 좋은 통로가 됩니다.

你的公司是什么样的公司?

당신의 회사는 어떤 회사인가요?

학습 목표　중국 바이어에게 회사를 소개하는 표현을 익혀 봅시다.

주요 표현　你做什么工作?
我的公司是股份有限公司, 在上海。

🎧 04-01

什么样	shénmeyàng	대	어떠한
麻烦	máfan	동	폐를 끼치다, 귀찮게 하다
简单	jiǎndān	형	간단하다, 단순하다
基本	jīběn	형	기본적인, 주요한
情况	qíngkuàng	명	상황, 형편
位于	wèiyú	동	~에 위치하다
经营	jīngyíng	동	경영하다, 취급하다, 판매하다
配件	pèijiàn	명	부품, 부속품
分公司	fēngōngsī	명	지점, 계열 회사
华成	Huáchéng	명	(수원) 화성
做	zuò	동	하다
工作	gōngzuò	명	일, 노동, 작업, 업무
贸易公司	màoyì gōngsī	명	무역 회사
职员	zhíyuán	명	직원
股份	gǔfèn	명	주식, 출자본
有限公司	yǒuxiàn gōngsī	명	유한(책임)회사
比较	bǐjiào	부	비교적
员工	yuángōng	명	직원
比	bǐ	전	~보다
互相	hùxiāng	부	서로, 상호
帮助	bāngzhù	동	돕다
共同	gòngtóng	부	함께, 다같이
发展	fāzhǎn	동	발전하다

🎧 04-02

A 麻烦您，请您简单介绍一下贵公司的基本情况。
Máfan nín,　qǐng nín jiǎndān jièshào yíxià guì gōngsī de jīběn qíngkuàng.

B 我们公司位于中国上海，经营手机配件。
Wǒmen gōngsī wèiyú Zhōngguó Shànghǎi, jīngyíng shǒujī pèijiàn.

A 你们在韩国有分公司吗?
Nǐmen zài Hánguó yǒu fēngōngsī ma?

B 有，韩国华城有个分公司。
Yǒu,　Hánguó Huáchéng yǒu ge fēngōngsī.

🎧 04-03

A 你做什么工作?
Nǐ zuò shénme gōngzuò?

B 我是贸易公司职员。
Wǒ shì màoyì gōngsī zhíyuán.

A 你的公司是什么样的公司?
Nǐ de gōngsī shì shénmeyàng de gōngsī?

B 我的公司是股份有限公司，在上海。
Wǒ de gōngsī shì gǔfèn yǒuxiàn gōngsī,　zài Shànghǎi.

A 你的公司大吧?
Nǐ de gōngsī dà ba?

B 我们公司比较大。有一千个员工。
Wǒmen gōngsī bǐjiào dà.　　Yǒu yì qiān ge yuángōng.

A 我们公司比你的公司大。
Wǒmen gōngsī bǐ nǐ de gōngsī dà.

B 咱们互相帮助，共同发展。
Zánmen hùxiāng bāngzhù, gòngtóng fāzhǎn.

동사 麻烦

麻烦을 동사로 쓰면 '귀찮게 하다', '폐를 끼치다'라는 뜻인데, 주로 상대방에게 부탁을 하거나 상대방의 도움을 받을 때 씁니다.

麻烦你再说一遍。   죄송하지만 다시 한번 말씀해 주세요.
Máfan nǐ zài shuō yí biàn.

那就麻烦你了。   그럼 당신께 폐를 끼치겠습니다. (당신의 도움을 받겠습니다.)
Nà jiù máfan nǐ le.

对不起，给您添麻烦了。   죄송합니다, 당신에게 폐를 끼쳤습니다.
Duìbuqǐ, gěi nín tiān máfan le.

 동사·전치사 在

동사 在는 '在+장소'의 형태로, '~에 있다'를 나타내고, 전치사 在는 '在+장소+동사'의 형태로, '(장소)에서 ~하다'라는 뜻을 나타냅니다.

A 你现在在哪里？   당신은 지금 어디에 있나요?
Nǐ xiànzài zài nǎli?

B 我现在在中国北京。   저는 지금 중국 베이징에 있습니다.
Wǒ xiànzài zài Zhōngguó Běijīng.

A 她在哪里学中国菜？   그녀는 어디에서 중국 요리를 배우나요?
Tā zài nǎli xué Zhōngguócài?

B 她在北京学中国菜。   그녀는 베이징에서 중국 요리를 배웁니다.
Tā zài Běijīng xué Zhōngguócài.

3. 조사 吧

문장의 끝에 吧를 사용하면, 추측이나 제안의 뜻을 나타냅니다.

1) 추측을 나타내는 吧

明天没有约会吧?　　　　내일 약속 없지요?
Míngtiān méiyǒu yuēhuì ba?

2) 제안을 나타내는 吧

我们现在去公司吧。　　　　우리 지금 회사로 가자.
Wǒmen xiànzài qù gōngsī ba.

4. 比자문

'A＋比＋B＋형용사'는 'A가 B보다 ~하다'는 의미를 나타내고, 更이나 还를 넣어 비교의 정도를 표현하기도 하고 수량사를 넣어 구체적인 차이를 나타내기도 합니다.

这个比那个好。　　　　이것은 저것보다 좋다.
Zhè ge bǐ nàge hǎo.

三星手机比苹果手机更好。　　　　삼성 휴대폰이 애플 휴대폰 보다 더 좋습니다.
Sānxīng shǒujī bǐ Píngguǒ shǒujī gèng hǎo.

去年实绩比今年实绩差一点儿。　　　　작년 실적이 금년 실적보다 조금 낮습니다.
Qùnián shíjì bǐ jīnnián shíjì chà yìdiǎnr.

┌ **단어** ┐

遍 biàn 양 번(횟수를 세는 양사) | 添 tiān 동 더하다, 보태다 | 现在 xiànzài 명 지금, 현재 | 哪里 nǎli 대 어디, 어느 곳 | 约会 yuēhuì 명 약속 | 更 gèng 부 더욱 | 去年 qùnián 명 작년 | 实绩 shíjì 명 실적 | 差 chà 형 부족하다, 나쁘다 | 一点儿 yìdiǎnr 양 조금

🎧 04-04

1

A 做什么工作? A는 무슨 일을 합니까?

你
Nǐ

他
Tā

做什么工作?
zuò shénme gōngzuò?

你爸爸
Nǐ bàba

🎧 04-05

2

你们公司 A 吧? 당신의 회사는 A 합니까?

大
dà

你们公司
Nǐmen gōngsī

远
yuǎn

吧?
ba?

近
jìn

3

| A | 比 | B | 大。 | A는 B보다 큽니다. |

中国
Zhōngguó

韩国
Hánguó

这个房间
Zhè ge fángjiān

比
bǐ

那个房间
nà ge fángjiān

大。
dà.

弟弟的鞋
Dìdi de xié

哥哥的鞋
gēge de xié

📇 **단어**

远 yuǎn 혱 멀다 | 近 jìn 혱 가깝다 | **房间** fángjiān 몡 방 | **鞋** xié 몡 신발

실전 대화 연습

🎧 04-07

1

A 你做什么工作?
Nǐ zuò shénme gōngzuò?

B 我是贸易公司职员。
Wǒ shì màoyì gōngsī zhíyuán.

🎧 04-08

2

A 你在哪里工作?
Nǐ zài nǎli gōngzuò?

B 我在中国上海工作。
Wǒ zài Zhōngguó Shànghǎi gōngzuò.

🎧 04-09

3

A 你的职位是什么?
Nǐ de zhíwèi shì shénme?

B 我是材料部的经理。
Wǒ shì cáiliào bù de jīnglǐ.

🎧 04-10

4

A 你的公司是什么样的公司?
Nǐ de gōngsī shì shénmeyàng de gōngsī?

B 我的公司是中国的国营企业。
Wǒ de gōngsī shì Zhōngguó de guóyíng qǐyè.

단어 职位 zhíwèi 몡 직위 | 材料 cáiliào 몡 재료, 자료 | 经理 jīnglǐ 몡 사장, 매니저 | 国营 guóyíng 몡 국영 | 企业 qǐyè 몡 기업

플러스 표현

회사 직책 관련 표현

董事长	dǒngshìzhǎng	명	이사장, 회장
首席执行官	shǒuxí zhíxíngguān	명	최고 경영자, CEO(IT 계열에서 주로 사용)
总经理	zǒngjīnglǐ	명	최고 경영자, CEO
副总经理	fù zǒngjīnglǐ	명	부사장
总监	zǒngjiān	명	(재무, 인사) 총책임자
经理	jīnglǐ	명	지배인, 책임자
主管	zhǔguǎn	명	팀장
主任	zhǔrèn	명	주임
职工	zhígōng	명	직원
实习职工	shíxí zhígōng	명	인턴 사원

사업 분야 관련 표현

农牧业	nóngmùyè	명	농축 산업
制造业	zhìzàoyè	명	제조업
半导体行业	bàndǎotǐ hángyè	명	반도체
面板产业	miànbǎn chǎnyè	명	디스플레이 산업
分销业	fēnxiāoyè	명	유통업
邮电通信业	yóudiàntōngxìnyè	명	통신 산업
美丽产业	měilì chǎnyè	명	뷰티 산업
餐饮业	cānyǐnyè	명	요식업
旅行业	lǚxíngyè	명	여행업
生物医药产业	shēngwù yīyào chǎnyè	명	바이오 의학 산업

1. 녹음을 잘 듣고 내용에 맞는 그림을 고르세요.　🎧 04-12

A

B

C

D

(1) ＿＿＿＿＿　(2) ＿＿＿＿＿　(3) ＿＿＿＿＿　(4) ＿＿＿＿＿

2. 녹음을 잘 듣고 한어병음(P)과 그에 맞는 한자(C)를 쓰세요.　🎧 04-13

(1) P ＿＿＿＿＿＿＿＿＿＿＿　C ＿＿＿＿＿＿＿＿＿＿＿

(2) P ＿＿＿＿＿＿＿＿＿＿＿　C ＿＿＿＿＿＿＿＿＿＿＿

(3) P ＿＿＿＿＿＿＿＿＿＿＿　C ＿＿＿＿＿＿＿＿＿＿＿

(4) P ＿＿＿＿＿＿＿＿＿＿＿　C ＿＿＿＿＿＿＿＿＿＿＿

(5) P ＿＿＿＿＿＿＿＿＿＿＿　C ＿＿＿＿＿＿＿＿＿＿＿

(6) P ＿＿＿＿＿＿＿＿＿＿＿　C ＿＿＿＿＿＿＿＿＿＿＿

3. 서로 어울리는 대화를 연결하세요.

(1) 你的公司大吧? ●　　　　　　　　● **A** 我在上海工作。

(2) 你在哪儿工作? ●　　　　　　　　● **B** 不多。

(3) 你做什么工作? ●　　　　　　　　● **C** 我们公司不大。

(4) 你们公司的员工多吗? ●　　　　　● **D** 我是公司职员。

4. 다음을 중국어로 써 보세요.

(1) 당신은 무슨 일을 하시나요?

_____

(2) 저는 한국에서 일해요.

_____

(3) 저희 회사는 당신 회사보다 커요.

_____

(4) 우리 서로 도와, 함께 발전해요.

_____

중국의 비즈니스 술 문화

중국인에게 술은 중요한 문화적 유산이며, 좋은 사람들과 함께 나누는 귀중한 음식이라고 생각합니다. 중국인과의 비즈니스에서 절대 빼놓을 수 없는 중국의 술과 술 문화에 대해 알면 중국 문화를 이해하는 하나의 방안이 되기 때문에 중국 비즈니스 파트너와 끊임없는 화젯거리를 만들며 이야기를 지속할 수 있는 좋은 주제가 됩니다.

중국에서 중요한 식사 자리에는 반드시 술이 올라옵니다. 중국에는 지방마다 명주가 있으며, 이때 그 지방의 명주와 중국의 대표 술이 같이 올라옵니다.

중국 술의 분류는 일반적으로 백주(白酒), 황주(黃酒), 과주(果酒), 약주(药酒), 맥주(啤酒)인 다섯 가지로 분류하거나, 술의 도수에 따라 고도주(高度酒), 중도주(中度酒), 저도주(低度酒)로 나누기도 하며, 제조 방법에 따라 증류주(蒸馏酒), 발효주(发酵酒), 배합주(配制酒)로 분류하기도 합니다.

백주 계열 장진 백주(江津白酒)	황주 계열 황미주(黄米酒)	과주 계열 감술(柿子酒)	약주 계열 기사 약주(蕲蛇药酒)	맥주 계열 칭따오 맥주(青岛啤酒)

중국 술을 대부분 백주라고 부르는데, 백주도 까오량지우(高粱酒)나 따취지우(大曲酒)처럼 원료로 분류하거나, 펀지우(汾酒), 마오타이지우(茅台酒)처럼 산지에 따라 분류하거나, 두캉지우(杜康酒)처럼 유명인의 이름을 빌려 오기도 하며, 혹은 터취(特曲), 다취(大曲)처럼 저장 기간에 따라 분류하기도 합니다.

중국의 백주는 향에 따라서 간장 향, 짙은 향, 맑은 향, 쌀 향, 기타 향으로 분류하기도 하는데, 간장 향은 마오타이(茅台)가 대표적이며, 우량예(五粮液)는 짙은 향이 대표적이고, 산시성의 펀지우(汾酒)는 맑은 향, 광시 지방의 산회지우(三花酒)는 쌀 향, 시펑지우(西凤酒)와 동지우(董酒)는 기타 향으로 대표적인 술입니다.

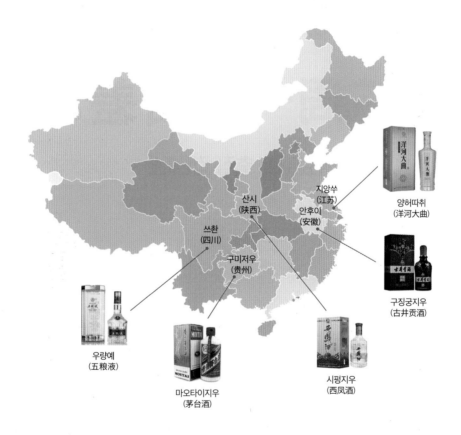

현재 중국의 주류 시장은 고소득, 고학력 젊은 층을 중심으로 지속적으로 발전하고 있습니다. 이에 백주, 와인, 맥주 시장도 젊은 층을 대상으로 디자인, 제품의 향 등으로 질적인 변화를 추구하면서 성장과 발전을 거듭하고 있습니다.

05
약속 잡기

我下周一去出差。

저는 다음주 월요일에 출장 갑니다.

학습 목표 미팅 일정 조율 시 필요한 날짜와 시간 표현을 익혀 봅시다.

주요 표현 公司创立纪念日是几月几号?
那下周下午三点见。

🎧 05-01

下周	xià zhōu	명	내주, 다음주
周一	zhōuyī	명	월요일
出差	chūchāi	동 명	출장하다 출장
创立	chuànglì	동	창립하다
纪念日	jìniànrì	명	기념일
几	jǐ	수	몇
号	hào	명	일(날짜를 가리킴)
那天	nàtiān	명	그날
休息	xiūxi	동	휴식하다, 쉬다, 놀다
休息日	xiūxirì	명	휴일
停业	tíngyè	동	휴업하다
时间	shíjiān	명	시간
真	zhēn	부	정말(로), 진실로
不好意思	bùhǎoyìsi		죄송하다, 부끄럽다
点	diǎn	명	시
见面	jiànmiàn	동	만나다, 대면하다
会议	huìyì	명	회의
没事	méishì	동	일이 없다, 한가하다
那	nà	접	그러면, 그렇다면
下午	xiàwǔ	명	오후

🎧 05-02

A 公司创立纪念日是几月几号?
Gōngsī chuànglì jìniànrì shì jǐ yuè jǐ hào?

B 创立纪念日是八月八号，星期三。
Chuànglì jìniànrì shì bā yuè bā hào, xīngqīsān.

A 那天是休息日吗?
Nàtiān shì xiūxirì ma?

B 创立纪念日停业。
Chuànglì jìniànrì tíngyè.

🎧 05-03

A 金总，下周四我要去你的公司，你有没有时间？

Jīn zǒng, xià zhōu sì wǒ yào qù nǐ de gōngsī, nǐ yǒu méiyǒu shíjiān?

B 真不好意思，我下周一去出差。

Zhēn bùhǎoyìsi, wǒ xià zhōuyī qù chūchāi.

A 那你什么时候回来？

Nà nǐ shénme shíhou huílái?

B 下个星期五就回来。

Xià ge xīngqīwǔ jiù huílái.

A 星期五几点见面？

Xīngqīwǔ jǐ diǎn jiànmiàn?

B 我两点有会议，三点没事。

Wǒ liǎng diǎn yǒu huìyì, sān diǎn méi shì.

A 好的，那下周五下午三点见。

Hǎo de, nà xià zhōuwǔ xiàwǔ sān diǎn jiàn.

B 谢谢，再见。

Xièxie, zàijiàn.

1. 날짜 표현

1) 연도를 읽을 때는 숫자를 하나씩 읽고, 끝에 '년'을 나타내는 年를 씁니다.

2025년　　二零二五年　　èr líng èr wǔ nián

2) '월'을 나타낼 때는 月를 씁니다.

1월	2월	3월	4월	5월	6월
一月 yī yuè	二月 èr yuè	三月 sān yuè	四月 sì yuè	五月 wǔ yuè	六月 liù yuè

7월	8월	9월	10월	11월	12월
七月 qī yuè	八月 bā yuè	九月 jiǔ yuè	十月 shí yuè	十一月 shíyī yuè	十二月 shí'èr yuè

3) '일'은 회화체에서는 号를, 문어체에서는 日를 씁니다.

1일	2일	3일	10일	15일	31일
一号 yī hào	二号 èr hào	三号 sān hào	十号 shí hào	十五号 shíwǔ hào	三十一号 sānshíyī hào

2. 요일 표현

'주, 요일'을 뜻하는 星期 뒤에 숫자를 붙여 요일을 나타냅니다. 星期를 대신하여 周(zhōu)나 礼拜(lǐbài)를 쓸 수 있습니다.

1) 일요일은 회화체에서는 星期天, 문어체에서는 星期日를 씁니다.

월요일	화요일	수요일	목요일	금요일	토요일	일요일
星期一 xīngqīyī	星期二 xīngqī'èr	星期三 xīngqīsān	星期四 xīngqīsì	星期五 xīngqīwǔ	星期六 xīngqīliù	星期天(日) xīngqītiān(rì)

2) 주와 달은 上, 这, 下 단어를 넣어 표현합니다.

지난주	이번 주	다음주
上个星期 shàng ge xīngqī	这个星期 zhè ge xīngqī	下个星期 xià ge xīngqī
지난달	이번 달	다음달
上个月 shàng ge yuè	这个月 zhè ge yuè	下个月 xià ge yuè

3. 시간 표현

중국어로 시간은 点(시)과 分(분)으로 표현하고 큰 단위에서 작은 단위 순서로 표현합니다.

시	분	30분 / 반	15분	~전
点 diǎn	分 fēn	半 bàn	刻 kè	差 chà

오전	정오	오후	아침	저녁
上午 shàngwǔ	中午 zhōngwǔ	下午 xiàwǔ	早上 zǎoshang	晚上 wǎnshang

09:00　九点
　　　　jiǔ diǎn

10:05　十点零五分
　　　　shí diǎn líng wǔ fēn

14:30　两点三十分 | 两点半
　　　　liǎng diǎn sānshí fēn | liǎng diǎn bàn

17:45　五点四十五分 | 五点三刻 | 差一刻六点
　　　　wǔ diǎn sìshíwǔ fēn | wǔ diǎn sān kè | chà yí kè liù diǎn

1

🎧 05-04

A 是几月几号? A는 몇 월 며칠입니까?

今天
Jīntiān

你的生日
Nǐ de shēngrì

是几月几号?
shì jǐ yuè jǐ hào?

这个星期五
Zhè ge xīngqīwǔ

2

🎧 05-05

我 A 去出差。 저는 A에 출장 갑니다.

明天
míngtiān

我
Wǒ

明年一月
míngnián yī yuè

去出差。
qù chūchāi.

下个月
xià ge yuè

3

那下周五 　A　 见。　 그럼 다음 주 금요일 A에 만납시다.

晚上十点半
wǎnshang shí diǎn bàn

那下周五　　　下午四点三刻　　　见。
Nà xià zhōuwǔ　　　xiàwǔ sì diǎn sān kè　　　jiàn.

下午差一刻三点
xiàwǔ chà yí kè sān diǎn

📒 단어

生日 shēngrì 몡 생일 | 明年 míngnián 몡 내년

실전 대화 연습

🎧 05-07

1

A 今年是几几年?
Jīnnián shì jǐ jǐ nián?

B 今年是二零二一年。
Jīnnián shì èr líng èr yī nián.

🎧 05-08

2

A 今天是几月几号?
Jīntiān shì jǐ yuè jǐ hào?

B 今天是十月十号。
Jīntiān shì shí yuè shí hào.

🎧 05-09

3

A 明天你有空吗?
Míngtiān nǐ yǒu kòng ma?

B 不好意思，明天我去出差。
Bùhǎoyìsi, míngtiān wǒ qù chūchāi.

🎧 05-10

4

A 明天几点在哪儿开会?
Míngtiān jǐ diǎn zài nǎr kāihuì?

B 明天下午两点第一会议室开会。
Míngtiān xiàwǔ liǎng diǎn dì-yī huìyìshì kāihuì.

[단어] 年 nián 뗑 년, 해 | 零 líng 㑖 영, 제로 | 空 kòng 뗑 틈, 짬, 겨를 | 开会 kāihuì 동 회의를 하다 | 第一 dì-yī 㑖 첫 (번)째, 제1 | 会议室 huìyìshì 뗑 회의실

플러스 표현

중국 마케팅 관련 표현

品牌意识	pǐnpái yìshí	브랜드 의식
品牌推广	pǐnpái tuīguǎng	브랜드 프로모션
品牌知名度	pǐnpái zhīmíngdù	브랜드 인지도
广告创意	guǎnggào chuàngyì	광고 아이디어
广告对象	guǎnggào duìxiàng	광고 대상
广告设计	guǎnggào shèjì	광고 디자인
网络促销	wǎngluò cùxiāo	인터넷 프로모션
消费群	xiāofèiqún	소비자군
直销	zhíxiāo	직접 판매
目标市场	mùbiāo shìchǎng	목표 시장

계약서 금액 표기 관련 표현(数字大写)

중국에서는 계약서를 쓰거나 은행거래 시 숫자 조작을 피하기 위하여, 숫자와 같은 발음의 비교적 복잡한 한자를 사용합니다. 이를 数字大写(shùzì dàxiě)라고 합니다.

一	二	三	四	五	六	七
壹 yī	贰 èr	叁 sān	肆 sì	伍 wǔ	陆 liù	柒 qī
八	九	十	百	千	万	亿
捌 bā	玖 jiǔ	拾 shí	佰 bǎi	仟 qiān	万 wàn	亿 yì

元	yuán	양 위안
角	jiǎo	양 元의 1/10
分	fēn	양 元의 1/100
整	zhěng	금액이 정수로 떨어질 때 元 뒤에 씀

1. 녹음을 잘 듣고 내용에 맞는 그림을 고르세요.　　　　🎧 05-12

A

B

C

D

(1) ＿＿＿＿＿　　(2) ＿＿＿＿＿　　(3) ＿＿＿＿＿　　(4) ＿＿＿＿＿

2. 녹음을 잘 듣고 한어병음(P)과 그에 맞는 한자(C)를 쓰세요.　　　🎧 05-13

(1) P ＿＿＿＿＿＿＿＿＿＿　　C ＿＿＿＿＿＿＿＿＿＿＿

(2) P ＿＿＿＿＿＿＿＿＿＿　　C ＿＿＿＿＿＿＿＿＿＿＿

(3) P ＿＿＿＿＿＿＿＿＿＿　　C ＿＿＿＿＿＿＿＿＿＿＿

(4) P ＿＿＿＿＿＿＿＿＿＿　　C ＿＿＿＿＿＿＿＿＿＿＿

(5) P ＿＿＿＿＿＿＿＿＿＿　　C ＿＿＿＿＿＿＿＿＿＿＿

(6) P ＿＿＿＿＿＿＿＿＿＿　　C ＿＿＿＿＿＿＿＿＿＿＿

3. 서로 어울리는 대화를 연결하세요.

(1) 今天是几月几号？ •

(2) 今年是几几年？ •

(3) 星期五几点见面？ •

(4) 明天你有空吗？ •

• A 三点没事。

• B 没有，明天我去出差。

• C 2020年。

• D 八月八号。

4. 다음을 중국어로 써 보세요.

(1) 올해가 몇 년도인가요?

(2) 오늘은 6월 20일, 목요일이에요.

(3) 저는 다음 주 목요일에 출장가요.

(4) 토요일 오후 2시에 봐요.

중국의 기업

중국의 기업은 종전에는 소유 제도를 기초로 국유 기업(国有企业), 집체 기업(集体企业), 사인 기업(私人企业), 합영 기업(合营), 외자 기업(外资企业)으로 구분합니다.

국유 기업은 국가가 자산 전체를 소유한 기업을 말하고, 집체기업은 일부 집단 혹은 각급 지방 정부가 소유하는 기업을 말합니다.

사인 기업은 개인이 노동자를 고용하여 운영하는 기업인데, 8명 미만을 고용하면 개체 기업이고, 8명 이상을 고용하면 사업 기업이라고 부릅니다.

합영 기업은 공유제 기업과 사인 기업에 포함되는 여러 유형의 기업들이 공동으로 출자하여 운영하는 혼합 소유제 기업을 말합니다.

외자 기업은 외국인이 중국에 투자한 기업으로, 투자 형태에 따라 합자 기업, 합작 기업, 독자 기업으로 구분하고, 이를 통칭하여 3자 기업이라고 부릅니다.

중국의 민영 부문 중에는 주식제 합작 기업, 유한책임공사, 주식유한공사가 있으며 주식제 합작 기업은 합작제(협동조합) 형태의 기업이며, 유한책임공사는 둘 이상 50개 이하의 이사회의 공동 출자 기업입니다. 주식유한공사는 등록 자본 전액을 동일 금액의 주권으로 발행하여 모집하는 기업이며, 이 세 형태의 기업은 넓은 의미의 주식회사제 기업이라고 부를 수 있습니다.

중국의 직책 형태

한국 기업은 그룹별로 직책에 대한 호칭이 다르지만, 일반적인 직책 체계는 회장, 사장, 전무, 상무, 이사, 부장, 차장, 과장, 대리, 사원의 순으로 이루어지며, 직급은 아니지만 팀장, 그룹장, 파트장 등 회사마다 다르게 직책을 가지고 있습니다.

중국은 董事长, 总裁, 执行副总裁(常务副总裁), 总监, 经理, 职员의 순으로 이루어지는데, 업태나 업종별로 회장(董事长), 사장(总经理), 최고책임자(总监), 팀장(经理), 사원(职员) 등으로 직책을 가지며, 업종별로 부장(部长), 과장(科长), 대리(代理), 비서(秘书) 등의 직책을 가지고 있습니다.

▶ **한국과 중국의 직책 비교**

한국	중국
회장	**董事长** dǒngshìzhǎng
사장, 대표 이사	**总经理** zǒngjīnglǐ
전무, 상무	**总监** zǒngjiān
부장, 팀장	**经理** jīnglǐ
차장, 과장	**主任** zhǔrèn
사원	**职员** zhíyuán

※ 위 직책은 업종이나 회사에 따라 다를 수 있습니다.

请问,
国际贸易大厦在哪儿?

실례합니다,
국제 무역 빌딩은 어디에 있습니까?

학습 목표   비즈니스 미팅에 필요한 장소와 위치에 관련된 표현을 익혀 봅시다.

주요 표현   国际贸易大厦在地铁站前面。
请问, 营销部在哪儿?

🎧 06-01

国际	guójì	명	국제
贸易	màoyì	명	무역
大厦	dàshà	명	큰 건물, 고층 건물
哪儿	nǎr	대	어디, 어느 곳
地铁	dìtiě	명	지하철
站	zhàn	명	역, 정거장
前面	qiánmian	명	앞쪽
从	cóng	전	~부터, ~에서
这里	zhèli	대	이곳, 여기
需要	xūyào	동	필요하다
大概	dàgài	부	아마, 대개
左右	zuǒyòu	명	가량, 내외
营销	yíngxiāo	명	영업 판매, 마케팅
楼	lóu	양	층
电梯	diàntī	명	엘리베이터
上楼	shàng lóu	동	위층으로 올라가다
正在	zhèngzài	부	마침 ~하고 있는 중이다
那边	nàbiān	대	저쪽, 그쪽
稍	shāo	부	약간, 조금, 잠시, 잠깐
等	děng	동	기다리다
一会儿	yíhuìr		잠시, 잠깐 동안

06-02

A 请问，国际贸易大厦在哪儿？
Qǐngwèn, guójì màoyì dàshà zài nǎr?

B 国际贸易大厦在地铁站前面。
Guójì màoyì dàshà zài dìtiězhàn qiánmian.

A 走到那里需要多长时间？
Zǒu dào nàlǐ xūyào duō cháng shíjiān?

B 大概走十分钟左右就到了。
Dàgài zǒu shí fēnzhōng zuǒyòu jiù dào le.

🎧 06-03

A 请问，营销部在哪儿？
Qǐngwèn, yíngxiāo bù zài nǎr?

B 营销部在三楼，请坐电梯上楼吧。
Yíngxiāo bù zài sān lóu, qǐng zuò diàntī shàng lóu ba.

A 我想见营销部李博文经理。
Wǒ xiǎng jiàn yíngxiāo bù Lǐ Bówén jīnglǐ.

请问，他在哪里？
Qǐngwèn, tā zài nǎli?

C 他现在正在开会。
Tā xiànzài zhèngzài kāihuì.

请在那边稍等一会儿。
Qǐng zài nàbiān shāo děng yíhuìr.

A 好的，谢谢。
Hǎo de, xièxie.

존재문 在와 有

동사 在와 有는 '~에 있다'라는 뜻으로, 존재를 나타냅니다. 하지만 在 뒤에는 반드시 장소를 나타내는 단어가 오고, 有 뒤에는 사물을 나타내는 단어가 옵니다.

[사람/사물＋在＋장소]

韩国餐厅在西门北边。
Hánguó cāntīng zài xīmén běibian.
한국 식당은 서문 북쪽에 있다.

我的报告书在你左边。
Wǒ de bàogàoshū zài nǐ zuǒbian.
내 보고서는 당신 왼쪽에 있다.

[장소＋有＋사람/사물]

这附近有一家咖啡店。
Zhè fùjìn yǒu yì jiā kāfēidiàn.
이 근처에 커피숍이 있다.

桌子上边有一份计划书。
Zhuōzi shàngbian yǒu yí fèn jìhuàshū.
책상 위에는 제안서 한 부가 있다.

 正在~呢

부사 正在는 '마침 ~하고 있다'는 의미로, 동사의 진행을 나타내며 문장 끝의 呢는 생략할 수 있습니다.

他们正在开会呢。
Tāmen zhèngzài kāihuì ne.
그들은 지금 회의 중입니다.

经理正在吃饭呢。
Jīnglǐ zhèngzài chīfàn ne.
사장님은 지금 식사 중입니다.

他们正在商量这件事。
Tāmen zhèngzài shāngliang zhè jiàn shì.
그들은 지금 이 일을 상의하고 있다.

3. 방위사

단순방위사 上, 下, 里 등의 단어 뒤에 '~쪽'을 의미하는 边, 面 등을 붙여 방향을 나타냅니다. 단독으로 사용할 수도 있습니다.

	边 biān	面 miàn
上 위 shàng	上边 shàngbian	上面 shàngmian
下 아래 xià	下边 xiàbian	下面 xiàmian
里 안 lǐ	里边 lǐbian	里面 lǐbian
外 밖 wài	外边 wàibian	外面 wàimian
前 앞 qián	前边 qiánbian	前面 qiánmian
后 뒤 hòu	后边 hòubian	后面 hòumian
左 왼쪽 zuǒ	左边 zuǒbian	左面 zuǒmian
右 오른쪽 yòu	右边 yòubian	右面 yòumian

前边有一家饭馆儿。　　　　앞에 식당이 하나 있다.
Qiánbian yǒu yì jiā fànguǎnr.

里面有一个手机。　　　　　안에 핸드폰이 하나 있다.
Lǐmian yǒu yí ge shǒujī.

단어

餐厅 cāntīng 몡 식당 | 西门 xīmén 몡 서문 | 北边 běibian 몡 북쪽, 북방 | 报告书 bàogàoshū 몡 보고서 |
附近 fùjìn 몡 부근, 근처 | 咖啡厅 kāfēitīng 몡 커피숍 | 桌子 zhuōzi 몡 책상, 테이블 | 计划书 jìhuàshū 몡
제안서 | 商量 shāngliang 동 상의하다 | 件 jiàn 양 일을 세는 양사 | 事 shì 몡 일, 사건

패턴 익히기

🎧 06-04

1

请问, A 在哪儿? 실례지만, A는 어디에 있나요?

车站
chēzhàn

请问,   人事部   在哪儿?
Qǐngwèn,   rénshì bù   zài nǎr?

会议室
huìyìshì

🎧 06-05

2

A 在 B 。 A는 B에 있습니다.

办公室
Bàngōngshì

会议室   在   一层的右边。
Huìyìshì   zài   yì céng de yòubian.

总经理办公室   二层的左边。
Zǒngjīnglǐ bàngōngshì   èr céng de zuǒbian.

前面。
qiánmian.

3

他现在正在   A   。   그는 지금 A하는 중입니다.

他现在正在
Tā xiànzài zhèngzài

看电影。
kàn diànyǐng.

中国出差。
Zhōngguó chūchāi.

设计新产品。
shèjì xīnchǎnpǐn.

단어

车站 chēzhàn 몡 정거장 | 人事 rénshì 몡 인사(직원의 임용·해임·평가 따위와 관계되는 행정적인 일) | 办公室
bàngōngshì 몡 사무실, 오피스 | 层 céng 양 층 | 电影 diànyǐng 몡 영화 | 设计 shèjì 동 계획하다, 디자인하다
| 新产品 xīnchǎnpǐn 몡 신제품

🎧 06-07

1

> **A** 请问, 国际贸易大厦在哪儿?
> Qǐngwèn, Guójì màoyì dàshà zài nǎr?

> **B** 国际贸易大厦在地铁站前面。
> Guójì màoyì dàshà zài dìtiězhàn qiánmian.

🎧 06-08

2

> **A** 洗手间在哪儿?
> Xǐshǒujiān zài nǎr?

> **B** 洗手间在二层的窗户右边。
> Xǐshǒujiān zài èr céng chuānghu de yòubian.

🎧 06-09

3

> **A** 请问，星巴克在哪里?
> Qǐngwèn, Xīngbākè zài nǎli?

> **B** 往前走五十米，就在右边。
> Wǎng qián zǒu wǔshímǐ, jiù zài yòubian.

🎧 06-10

4

> **A** 首都国际机场怎么走?
> Shǒudū guójì jīchǎng zěnme zǒu?

> **B** 你在那个车站坐机场大巴吧!
> Nǐ zài nà ge chēzhàn zuò jīchǎng dàbā ba!

단어 洗手间 xǐshǒujiān 몡 화장실 | 窗户 chuānghu 몡 창문 | 星巴克 Xīngbākè 몡 스타벅스 | 米 mǐ 양 미터 | 首都 shǒudū 몡 수도 | 机场 jīchǎng 몡 공항 | 车站 chēzhàn 몡 정류장, 정거장 | 大巴 dàbā 몡 버스

플러스 표현

부서 명칭

人事部	rénshì bù	명 인사부
总务部	zǒngwù bù	명 총무부
销售部	xiāoshòu bù	명 영업부, 판매부
营销部	yíngxiāo bù	명 마케팅부
采购部	cǎigòu bù	명 구매부
宣传部	xuānchuán bù	명 홍보부
设计部	shèjì bù	명 디자인부
生产部	shēngchǎn bù	명 생산부
质检部	zhìjiǎn bù	명 품질 검사부
研究开发部	yánjiū kāifā bù	명 연구 개발부
海外事业部	hǎiwài shìyè bù	명 해외 사업부
售后服务部	shòuhòu fúwù bù	명 애프터 서비스부

한국 기업·브랜드 명칭

三星	Sānxīng	삼성
LG电子	LG diànzǐ	LG전자
现代汽车	Xiàndàiqìchē	현대자동차
斗山	Dǒushān	두산
起亚	Qǐyà	기아
好丽友	Hǎolìyǒu	오리온
乐扣乐扣	Lèkòulèkòu	락앤락
雪花秀	Xuěhuāxiù	설화수

1. 녹음을 잘 듣고 내용에 맞는 그림을 고르세요. 🎧 06-12

A

B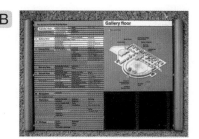

C

D

(1) _____ (2) _____ (3) _____ (4) _____

2. 녹음을 잘 듣고 한어병음(P)과 그에 맞는 한자(C)를 쓰세요. 🎧 06-13

(1) P _____ C _____

(2) P _____ C _____

(3) P _____ C _____

(4) P _____ C _____

(5) P _____ C _____

(6) P _____ C _____

3. 서로 어울리는 대화를 연결하세요.

(1) 请问，营销部在哪儿？ •

(2) 李经理在哪儿？ •

(3) 洗手间在哪儿？ •

(4) 她正在做什么呢？ •

• A 洗手间在右边。

• B 她正在开会呢。

• C 营销部在三楼。

• D 她在会议室。

4. 다음을 중국어로 써 보세요.

(1) 인사부는 3층에 있어요.

_____

(2) 영업부는 왼쪽에 있어요.

_____

(3) 국제 무역 빌딩은 지하철역 앞쪽에 있어요.

_____

(4) 저쪽에서 잠시 기다려 주세요.

_____

중국의 소비 트랜드

중국의 소비 형태는 코로나19 이전과 이후로 크게 나뉘는데, 코로나19 이전에는 다소 획일적인 소비문화였다면, 코로나19 이후에는 온라인 시장이 크게 성장하면서, 소비자 계층이 다변화되고 브랜드 간의 경쟁이 치열하여 다양한 소비 패턴이 만들어졌습니다.

다시 말해, 중국의 주요 소비 형태의 가장 큰 변화는 온라인 시장의 성장입니다.

특히 의료 건강, 미용, 식품 분야의 온라인 시장이 크게 성장하였으며, 또한 중국 소비자가 원하는 서비스를 충족하기 위하여 온라인 교육, 오락과 관련된 사업도 함께 성장하였습니다.

온라인 오락 소비의 경우에도 쇼트 클립(짧은 동영상), 라이브 방송, 온라인 게임, 스트리밍 음악, 온라인 애니메이션, 인터넷 소설 등의 콘텐츠 소비가 증가하였고, 영화, 예능 및 공연 등 오프라인 문화 활동이 클라우드 라이브와 같은 온라인으로 전환되면서 다양한 소비자에게 보급되었습니다.

또한, 코로나19 이후 중국 로컬 브랜드가 크게 성장하였는데, 중국 로컬 브랜드들이 중국 상품에 중국 전통문화와 역사 스토리를 담아 소비자들의 관심을 이끌어 내었기 때문입니다.

또한 90년~95년 이후 출생한 젊은 소비층을 타깃으로 하는 소비가 특히 늘어나고 있습니다. 중국 젊은 소비자들의 애국 열풍이라고 하는 궈차오(国潮) 문화가 신생 로컬 브랜드를 성장하게 했는데, 이는 전통적인 요소와 다양한 개성을 존중하는 젊은 소비자의 트랜드를 읽었기 때문입니다.

중국의 신생 브랜드들은 소비자가 원하는 상품을 적극적으로 온라인으로 판매하여 젊은 소비자들에게 브랜드 이미지를 확실히 심어주고, 다양한 디지털 플랫폼 마케팅 방식과 고급화 전략 등을 활용하여 젊은 소비자의 만족도를 높여가고 있습니다.

앞으로 중국의 소비 트랜드는 비대면 경제의 활성화와 디지털 경제로의 변화가 더욱 빠라질 것으로 예측됩니다. 또한 현재 중국의 소비 트렌드를 주도하고 있는 Z세대들은 체험을 중요하게 생각하기 때문에 다양한 체험을 충족시키는 상품들이 선보일 것입니다.

중국 신생 기업은 복잡한 오프라인 유통 방식을 버리고, 온라인 판매 방식을 활용해 소비자에게 브랜드 이미지를 확립하며, 다양한 디지털 플랫폼 마케팅 방식과 빅데이터를 적극 활용해 변화하는 소비 수요를 파악하고 세분화하는 것에 초점을 두고 있습니다.

나이 묻기

金经理和我同岁呢。

김 부장님과 저는 동갑입니다.

학습 목표 친밀한 의사소통을 위한 나이와 띠 관련 표현을 익혀 봅시다.

주요 표현 营业部王主任今年多大了?
金经理三十七岁, 属猪。

🎧 07-01

同岁	tóngsuì	동	동갑이다, 나이가 서로 같다
呢	ne	조	서술문 끝에 써서 사실을 확인하는 어기를 나타냄
主管	zhǔguǎn	명	주관자, 책임자
今年	jīnnián	명	금년, 올해
多大	duōdà		(나이가) 얼마인가
岁	suì	양	살, 세
应该	yīnggāi	조동	당연히 ~할 것이다
像	xiàng	동	마치 ~와 같다
一样	yíyàng	형	같다, 동일하다
多多关照	duōduō guānzhào		잘 부탁합니다
营业部	yíngyè bù	명	영업부
主任	zhǔrèn	명	주임, 책임자
属	shǔ	동	~띠이다
猴(子)	hóu(zi)	명	원숭이
采购部	cǎigòu bù	명	구매부
知道	zhīdào	동	알다, 이해하다
猪	zhū	명	돼지
好好儿	hǎohāor	부	잘, 제대로
相处	xiāngchǔ	동	함께 지내다, 함께 살다
合作	hézuò	동	협력하다, 합작하다
成为	chéngwéi	동	~으로 되다
副翁	fùwēng	명	부자

07-02

A 金主管今年多大了？
　Jīn zhǔguǎn jīnnián duōdà le?

B 我今年三十九岁，应该比我大吧？
　Wǒ jīnnián sānshíjiǔ suì,　yīnggāi bǐ wǒ dà ba?

A 哈哈，我比你大两岁。
　Hāha,　wǒ bǐ nǐ dà liǎng suì.

B 请像弟弟一样多多关照。
　Qǐng xiàng dìdi yíyàng duōduō guānzhào.

🎧 07-03

A 王总, 营业部王主任今年多大了?
Wáng zǒng, yíngyè bù Wáng zhǔrèn jīnnián duōdà le?

B 他今年四十一岁。
Tā jīnnián sìshíyī suì.

A 他是属什么的?
Tā shì shǔ shénme de?

B 他属猴。
Tā shǔ hóu.

A 你知道采购部的金经理属什么?
Nǐ zhīdào cǎigòu bù de Jīn jīnglǐ shǔ shénme?

B 金经理三十七岁，属猪。是不是和你一样?
Jīn jīnglǐ sānshíqī suì, shǔ zhū. Shì bu shì hé nǐ yíyàng?

A 是，金经理和我同岁呢。
Shì, Jīn jīnglǐ hé wǒ tóngsuì ne.

B 那你们就是朋友了。好好儿相处吧。
Nà nǐmen jiùshì péngyou le. Hǎohāor xiāngchǔ ba.

A 好的，两个属猪的人互相合作，就会成为富翁的。
Hǎo de, liǎng ge shǔ zhū de rén hùxiāng hézuò, jiù huì chéngwéi fùwēng de.

1. 나이를 묻는 표현

나이를 물을 때는 주로 多大를 사용합니다. 多는 '얼마나'라는 의미로, '多+단음절 형용사'의 형식을 써서, 키, 나이, 몸무게 등을 물을 수 있습니다.

A 你今年多大了？　　당신은 올해 몇 살이에요?
Nǐ jīnnián duōdà le?

B 二十岁。　　20살이에요.
Èrshí suì.

A 你多大年纪？　　당신은 나이가 어떻게 됩니까?
Nǐ duōdà niánjì?

B 三十五岁。　　35살이에요.
Sānshíwǔ suì.

> ⭐ 띠를 묻는 표현
>
> A 你属什么？　　당신은 무슨 띠인가요?
> Nǐ shǔ shénme?
>
> B 我属马。　　저는 말띠예요.
> Wǒ shǔ mǎ.

2. 是~的

이미 일어난 일에 대한 시간, 장소, 방식, 수단 등의 정보를 강조해서 표현하고 싶을 때 是~的 구문을 사용하고, 강조하고 싶은 내용을 是와 的 사이에 넣습니다.

你是什么时候回来的？　　당신은 언제 돌아오나요?
Nǐ shì shénme shíhou huílái de?

他是坐飞机来的。　　그는 비행기를 타고 왔어요.
Tā shì zuò fēijī lái de.

我是从北京来的。　　저는 베이징에서 왔어요.
Wǒ shì cóng Běijīng lái de.

3. 정반의문문 是不是

동사의 긍정형과 부정형을 연달아 써서 의문문을 만들 수 있는데, 이를 '정반의문문'이라고 합니다. 이때 不는 경성으로 발음합니다.

你的公司是不是韩国公司?　　　당신의 회사는 한국 회사인가요?
Nǐ de gōngsī shì bu shì Hánguó gōngsī?

你是不是负责人?　　　당신이 담당자인가요?
Nǐ shì bu shì fùzérén?

今天星期三,是不是?　　　오늘이 수요일, 맞나요?
Jīntiān xīngqīsān, shì bu shì?

4. 형용사 중첩 好好儿

일부 단음절 형용사는 중첩하면 부사가 되는데, 이때 뒤에 儿을 붙여서 말하는 경우가 많습니다. 부사가 될 때 두 번째 음절은 1성으로 바뀝니다.

好 → 好好(儿)　　　잘, 열심히
hǎo　　hǎohāor

你好好儿学习吧。　　　열심히 공부하세요.
Nǐ hǎohāor xuéxí ba.

你好好儿休息吧。　　　당신은 잘 쉬세요.
Nǐ hǎohāor xiūxi ba.

┌──────┐
│ 단어 │
└──────┘

年纪 niánjì 몡 연령, 나이 | **马** mǎ 몡 말 | **负责人** fùzérén 몡 책임자 | **学习** xuéxí 동 공부하다 | **休息** xiūxi 동 쉬다

07-04

1

我比你大 A 岁。 저는 당신보다 A살 많습니다.

两
liǎng

我比你大 五 岁。
Wǒ bǐ nǐ dà wǔ suì.

九
jiǔ

07-05

2

他属 A 。 그는 A띠입니다.

龙。
lóng.

他属 羊。
Tā shǔ yáng.

兔。
tù.

3

他是 ___A___ 的? 그는 A인 것입니까?

怎么来
zěnme lái

─────────────

他是 　　　　　　在哪里上车 　　　　　　的?
Tā shì 　　　　　　zài nǎli shàng chē 　　　　　　de?

─────────────

什么时候认识
shénme shíhou rènshi

📒 단어

龙 lóng 명 용 | 羊 yáng 명 양 | 兔 tù 명 토끼 | 怎么 zěnme 대 어떻게 | 上车 shàng chē 차를 타다 | 认识
rènshi 통 알다

🎧 07-07

1

A) 王部长今年多大了?
Wáng bùzhǎng jīnnián duōdà le?

B) 王部长今年三十五岁。
Wáng bùzhǎng jīnnián sānshíwǔ suì.

🎧 07-08

2

A) 你属什么?
Nǐ shǔ shénme?

B) 我属牛。
Wǒ shǔ niú.

🎧 07-09

3

A) 他比她大吧?
Tā bǐ tā dà ba?

B) 他比她大五岁。
Tā bǐ tā dà wǔ suì.

🎧 07-10

4

A) 你比李代理年纪大吗?
Nǐ bǐ Lǐ dàilǐ niánjì dà ma?

B) 是的, 我比李代理大两岁。
Shì de, wǒ bǐ Lǐ dàilǐ dà liǎng suì.

단어 牛 niú 몡 소 | 代理 dàilǐ 몡 대리 | 年纪 niánjì 몡 나이, 연령 | 是的 shì de 네, 그렇다, 맞다

플러스 표현

🎧 07-11

12간지 표현

鼠	shǔ	명	쥐	马	mǎ	명	말
牛	niú	명	소	羊	yáng	명	양
虎	hǔ	명	호랑이	猴	hóu	명	원숭이
兔	tù	명	토끼	鸡	jī	명	닭
龙	lóng	명	용	狗	gǒu	명	개
蛇	shé	명	뱀	猪	zhū	명	돼지

별자리 표현

白羊座	báiyángzuò	명	양자리	天枰座	tiānpíngzuò	명	천칭자리
金牛座	jīnniúzuò	명	황소자리	天蝎座	tiānxiēzuò	명	전갈자리
双子座	shuāngzǐzuò	명	쌍둥이자리	射手座	shèshǒuzuò	명	사수자리
巨蟹座	jùxièzuò	명	게자리	摩羯座	mójiézuò	명	염소자리
狮子座	shīzizuò	명	사자자리	水瓶座	shuǐpíngzuò	명	물병자리
处女座	chǔnǚzuò	명	처녀자리	双鱼座	shuāngyúzuò	명	물고기자리

1. 녹음을 잘 듣고 내용에 맞는 그림을 고르세요. 🎧 07-12

A

B

C

D

(1) ＿＿＿＿＿＿　(2) ＿＿＿＿＿＿　(3) ＿＿＿＿＿＿　(4) ＿＿＿＿＿＿

2. 녹음을 잘 듣고 한어병음(P)과 그에 맞는 한자(C)를 쓰세요. 🎧 07-13

(1) P ＿＿＿＿＿＿＿＿＿　　C ＿＿＿＿＿＿＿＿＿

(2) P ＿＿＿＿＿＿＿＿＿　　C ＿＿＿＿＿＿＿＿＿

(3) P ＿＿＿＿＿＿＿＿＿　　C ＿＿＿＿＿＿＿＿＿

(4) P ＿＿＿＿＿＿＿＿＿　　C ＿＿＿＿＿＿＿＿＿

(5) P ＿＿＿＿＿＿＿＿＿　　C ＿＿＿＿＿＿＿＿＿

(6) P ＿＿＿＿＿＿＿＿＿　　C ＿＿＿＿＿＿＿＿＿

3. 서로 어울리는 대화를 연결하세요.

(1) 他今年多大了? •　　　• A 我属羊。

(2) 你比我大吗? •　　　• B 对，我们就是朋友了。

(3) 你是属什么的? •　　　• C 他今年三十岁。

(4) 金经理和你同岁，对吗? •　　　• D 我比你大五岁。

4. 다음을 중국어로 써 보세요.

(1) 이 대리님 올해 나이가 어떻게 되나요?

(2) 당신은 양띠인가요?

(3) 저는 이 대리보다 2살 많아요.

(4) 김 부장과 저는 동갑이에요.

중국의 전자 상거래 이해하기

　나라 간 전자 상거래는 물류, 자금, 정보 등이 전달되는 일련의 모든 과정을 의미하는 서비스이며, 현재에는 상품 구매, 물류 창고, 세관 신고, 물품 대금 융자 신용, 자금 결재 등의 기능이 포함되어, 나라 간 전자 상거래의 기능이 점차 확대되는 추세입니다.

　중국의 전자 상거래는 B2C, C2C가 시작된 1999년으로, 8848.com을 오픈하면서 중국 B2C 온라인 쇼핑이 개막되었다고 할 수 있습니다.

　같은 해, 1999년 8월 샤오이보(邵亦波)는 중국 첫 C2C 사이트 즉, 소규모 판매자들이 상품을 소비자에게 직접 판매하는 사이트, '이취왕(易趣网)'을 소개하면서 주목받았으며, 이후 중국 첫 C2C 인터넷 서점인 '당당왕(当当网)'이 설립되었습니다.

　중국의 전자 상거래 시장은 2000년~2002년에 조정기를 맞아 성과를 거두었습니다. PC 제조 업체인 레노버(Lenovo)와 킹소프트웨어(Kingsoft)가 2005년 공동 출자 방식으로 B2C 사이트인 '쭈오위에왕(卓越网)'을 설립하였으며, 일본 벤처 캐피탈인 소프트뱅크(SoftBank)는 알리바바 (阿里巴巴) 그룹에 2,000만 달러의 자금을 투자하면서 중국의 전자 상거래는 춘추 전국시대를 맞게 되었습니다.

　중국의 전자 상거래 업체인 알리바바 그룹과 JD닷컴은 2014년부터 한국 제품을 중국에 판매하기 위해 많은 노력해왔다. 두 회사 모두 한국관을 세우고 국내 웹 호스팅 업체인 '카페24'와 제휴를 맺어 중국 B2C 마켓 '글로벌 티몰'에 입점하는 업체에 보증금 및 연회비를 면제해주고 국내 쇼핑몰들이 중국의 이커머스(e-commerce) 플랫폼으로 입점할 기회를 열어주었습니다.

　중국의 전자 상거래는 초기에는 B2B가 위주였으나 IT기술, 스마트폰, 온라인 결제 시스템등이 발달함에 따라 B2C, C2C 방식 또한 점차 발달하고 있다. 최근 다른 나라와의 전자 상거래가 활성화되면서 수출입 품목 또한 점점 늘어나고 있다.

　중국의 전자 상거래는 중국 정부의 적극적 지원과 중국인들의 온라인을 통한 물품 구매에 대한 진입 장벽이 낮아져 중국 내에서 전자 상거래의 규모가 나라 간 전자 상거래에서도 지속해서 증가하고 있습니다.

▶ 중국의 웹사이트

중국의 웹사이트 수량은 335만 개(출처 2015.1 第35次 中国互联网络发展状况统计报告), 중국의 네티즌 규모는 6.49억에 달했고, 인터넷 보급률은 47.9%이고, 모바일 네티즌 규모는 5.57억 명에 달했으며, 도시 인터넷 보급률은 62.8%를 달성하였습니다. 그중 모바일 앱 1위는 WeChat(텐센트)이며, 종합 검색 엔진 1위는 바이두(92.1%), 전자 상거래 1위는 타오바오(87.0%), 공동 구매는 메이투안왕(56.6%), 인터넷 결제 1위는 즈푸바오(88.2%)로 알려져 있습니다.

▶ 중국 웹사이트 순위

순위	웹사이트	기능	회사명
1위	baidu.com	검색	바이두 기업
2위	taobao.com	오픈 마켓	알리바바 그룹
3위	qq.com	메신저	텐센트
4위	360.cn	인터넷 보안	360 기업
5위	sina.com.cn	포털 사이트	新浪
6위	weibo.com	중국판 트위터	新浪 SNS
7위	sohu.com	포털 사이트	搜狐
8위	sogou.com	검색	搜狗
9위	tmall.com	오픈 마켓	알리바바 그룹
10위	ifeng.com	검색	凤凰网

※ 출처: Chinarank.org.cn

08
회의하기

他们说下午两点到我们公司。

그들은 오후 2시에 우리 회사에 도착한다고 합니다.

학습 목표   회의 시간이나 장소 변경에 관한 표현을 익혀 봅시다.

주요 표현   请把明天的会议时间改到四点吧。
他们说下午两点到我们公司。

🎧 08-01

新产品	xīnchǎnpǐn	명	신제품
参加	cānjiā	동	참가하다
跟	gēn	접	~와
约定	yuēdìng	명	약속
把	bǎ	전	~을,를 (목적어와 결합해서 동사 앞에 전치되어 처치를 나타냄)
改	gǎi	동	바꾸다, 변경하다
跑外勤	pǎo wàiqín	동	외근하다
往	wǎng	전	~쪽으로, ~을 향해
回来	huílái	동	돌아오다
左右	zuǒyòu	명	가량, 내외
过来	guòlái	동	오다, 건너오다
因为	yīnwèi	접	~ 때문에, 왜냐하면
堵车	dǔchē	명	교통 체증
怕是	pàshì	부	아마, 혹시
赶不上	gǎnbushàng		제 시간에 댈 수 없다
查	chá	동	조사하다
变更	biàngēng	동	변경하다, 바꾸다
或者	huòzhě	접	~이던가 아니면 ~이다
召开	zhàokāi	동	열다, 소집하다
视频会议	shìpín huìyì	명	화상 회의, 영상 회의
打听	dǎtīng	동	알아보다, 물어보다
联系	liánxì	동	연락하다

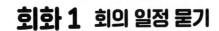 08-02

A 明天什么时候开新产品会?
Míngtiān shénme shíhou kāi xīnchǎnpǐn huì?

B 明天三点有新产品会议。总经理能参加会议吗?
Míngtiān sān diǎn yǒu xīnchǎnpǐn huìyì. Zǒngjīnglǐ néng cānjiā huìyì ma?

A 明天跟中国客户有个约定。请把明天的会议时间改到四点吧。
Míngtiān gēn Zhōngguó kèhù yǒu ge yuēdìng. Qǐng bǎ míngtiān de huìyì shíjiān gǎidào sì diǎn ba.

B 好的。明天会议的时间改了。
Hǎo de.   Míngtiān huìyì de shíjiān gǎi le.

08-03

A 王经理，您今天跑外勤吧？什么时候能回来？

Wáng jīnglǐ, nín jīntiān pǎo wàiqín ba? Shénme shíhou néng huílái?

B 大概下午三点左右回来。

Dàgài xiàwǔ sān diǎn zuǒyòu huílái.

A 您知道今天下午还要跟中国客户见面吗？

Nín zhīdào jīntiān xiàwǔ hái yào gēn Zhōngguó kèhù jiànmiàn ma?

B 我知道。他们什么时候过来？

Wǒ zhīdào. Tāmen shénme shíhou guòlái?

A 他们说下午两点到我们公司。

Tāmen shuō xiàwǔ liǎng diǎn dào wǒmen gōngsī.

B 因为路上堵车，怕是会议时间赶不上了。

Yīnwèi lùshàng dǔchē, pàshì huìyì shíjiān gǎnbushàng le.

请帮我查一下能不能变更会议时间或者召开视频会议。

Qǐng bāng wǒ chá yíxià néng bu néng biàngēng huìyì shíjiān huòzhě zhàokāi shìpín huìyì.

A 好的。我打听一下再跟你联系。

Hǎo de. Wǒ dǎtīng yíxià zài gēn nǐ liánxì.

1. 조동사 能과 会

조동사 能은 능력이나 객관적 조건이 충족되어 '~을 할 수 있다'는 뜻을 나타내고, 부정형은 不能입니다.

我上班时间能不迟到。　　　　나는 출근 시간에 늦지 않을 수 있다.
Wǒ shàngbān shíjiān néng bù chídào.

我下午没有时间，不能去。　　　나는 오후에 시간이 없어 갈 수 없다.
Wǒ xiàwǔ méiyǒu shíjiān, bù néng qù.

能과 같은 뜻으로 해석되는 조동사 会는 배워서 얻게 된 능력(어학, 운동 등)을 뜻하며, 부정형은 不会입니다.

我会说汉语和日语。　　　나는 중국어와 일본어를 말할 수 있다.
Wǒ huì shuō Hànyǔ hé Rìyǔ.

我不会说俄语。　　　나는 러시아어를 말할 수 없다.
Wǒ bú huì shuō Éyǔ.

2. 了의 용법

了는 동사 뒤에 쓰여 동작의 완료나 실현을 나타냅니다. 목적어가 하나의 단어로 이루어진 단순 목적어인 경우 了는 문장 끝에 위치합니다.

他看样品了。　　　그는 샘플을 보았다.
Tā kàn yàngpǐn le.

他看到了从韩国来的客户。　　　그는 한국에서 온 거래처를 보았다.
Tā kàndào le cóng Hánguó lái de kèhù.

他在网上买了一部手机。　　　그는 온라인에서 휴대폰 한 대를 샀다.
Tā zài wǎngshàng mǎi le yí bù shǒujī.

3. 가능 보어

어떤 동작이나 상태가 도달 가능성이 있는지 없는지를 나타내는 보어를 가능보어라고 합니다. 가능보어는 동사와 결과보어 또는 방향보어 사이에 구조 조사 得를 넣어 만듭니다. 부정형은 得를 不로 바꾸어 씁니다.

这个你看得懂吗?   이것을 당신은 이해할 수 있습니까?
Zhè ge nǐ kàndedǒng ma?

去上海的机票买得到。   상하이에 가는 비행기표를 살 수 있다.
Qù Shànghǎi de jīpiào mǎidedào.

他走路太快，我赶不上。   그는 걸음이 너무 빨라서, 내가 따라 잡을 수가 없다.
Tā zǒu lù tài kuài, wǒ gǎnbushàng.

4. 접속사 或者

或者는 '혹은'이라는 뜻의 접속사입니다. 或者는 한 번만 쓰기도 하고, '或者…, 或者…'의 형태로 쓰기도 합니다.

我明天或者后天去。   나는 내일이나 모레 간다.
Wǒ míngtiān huòzhě hòutiān qù.

周末我去爬山或者钓鱼。   나는 주말에 등산이나 낚시 간다.
Zhōumò wǒ qù páshān huòzhě diàoyú.

或者去上海，或者去北京都得坐飞机。
Huòzhě qù Shànghǎi, huòzhě qù Běijīng dōu děi zuò fēijī.
상하이에 가나, 베이징에 가나 모두 비행기를 타야 합니다.

단어

上班 shàngbān 통 출근하다 | 迟到 chídào 통 지각하다 | 汉语 Hànyǔ 명 중국어 | 日语 Rìyǔ 명 일본어 | 俄语 Éyǔ 명 러시아어 | 样品 yàngpǐn 명 견본(품) | 网上 wǎngshàng 명 온라인, 인터넷 | 部 bù 양 대(기계를 세는 단위) | 懂 dǒng 통 이해하다 | 机票 jīpiào 명 비행기표 | 得 děi 통 ～해야 한다

08-04

1

我们 A 开会? 우리는 A에(서) 회의하나요?

几点
jǐ diǎn

我们　　　　什么时候　　　　开会?
Wǒmen　　　shénme shíhou　　 kāihuì?

在哪儿
zài nǎr

08-05

2

什么时候能 A ? 언제 A할 수 있어요?

出发?
chūfā?

什么时候能　　　回家?
Shénme shíhou néng　　huíjiā?

见面?
jiànmiàn?

3

我打听一下　A　。　제가 A 좀 알아보겠습니다.

公司情况。
gōngsī qíngkuàng.

我打听一下
Wǒ dǎtīng yíxià

去警察局的路。
qù jǐngchájú de lù.

信息。
xìnxī.

出发 chūfā 동 출발하다 | **回家** huíjiā 동 집으로 돌아가다 | **情况** qíngkuàng 명 상황 | **警察局** jǐngchájú 명
경찰서 | **信息** xìnxī 명 정보, 소식

🎧 08-07

1

A 中国顾客什么时候过来?
Zhōngguó gùkè shénme shíhou guòlái?

B 他们说下午两点到我们公司。
Tāmen shuō xiàwǔ liǎng diǎn dào wǒmen gōngsī.

🎧 08-08

2

A 我们改今天下午的会议时间, 好吗?
Wǒmen gǎi jīntiān xiàwǔ de huìyì shíjiān, hǎo ma?

B 好的, 请改为明天三点。
Hǎo de, qǐng gǎiwéi míngtiān sān diǎn.

🎧 08-09

3

A 王部长能参加会议吗?
Wáng bùzhǎng néng cānjiā huìyì ma?

B 王部长下午没空, 不能去。
Wáng bùzhǎng xiàwǔ méi kòng, bù néng qù.

🎧 08-10

4

A 今天的会议需要翻译吗?
Jīntiān de huìyì xūyào fānyì ma?

B 今天的会议需要中文翻译。
Jīntiān de huìyì xūyào Zhōngwén fānyì.

[단어] 顾客 gùkè 몡 고객 | 改为 gǎiwéi 통 ~로 바뀌다, ~로 변하다 | 空 kòng 몡 틈, 짬 | 需要 xūyào 통 필요하다, 요구하다 | 中文 Zhōngwén 몡 중국어 | 翻译 fānyì 통 통역하다, 번역하다

🎧 08-11

회의 명칭

欢迎会	huānyínghuì	환영회
庆祝会	qìngzhùhuì	경축회
视频会议	shìpín huìyì	화상 회의
紧急会议	jǐnjí huìyì	긴급 회의
年终总结会	niánzhōng zǒngjiéhuì	연말 총결산회
研讨会	yántǎohuì	심포지엄
座谈会	zuòtánhuì	좌담회
讨论会	tǎolùnhuì	세미나, 포럼
专题座谈会	zhuāntí zuòtánhuì	전문가 회의

회의 관련 표현

议题	yìtí	안건, 의제
主题	zhǔtí	주제, 본론
资料	zīliào	자료
开展项目	kāizhǎn xiàngmù	프로젝트를 진행하다
计划书	jìhuàshū	계획서, 제안서
商议	shāngyì	협의하다

연습 문제

1. 녹음을 잘 듣고 내용에 맞는 그림을 고르세요. 🎧 08-12

A

B

C

D

(1) _____ (2) _____ (3) _____ (4) _____

2. 녹음을 잘 듣고 한어병음(P)과 그에 맞는 한자(C)를 쓰세요. 🎧 08-13

(1) P _____ C _____

(2) P _____ C _____

(3) P _____ C _____

(4) P _____ C _____

(5) P _____ C _____

(6) P _____ C _____

3. 서로 어울리는 대화를 연결하세요.

(1) 明天什么时候开会?   •   • **A** 不需要。

(2) 你什么时候过来?   •   • **B** 明天三点有会议。

(3) 王部长今天下午能回来吗? •   • **C** 我下午两点到公司。

(4) 今天的会议需要翻译吗? •   • **D** 他今天下午回不来。

4. 다음을 중국어로 써 보세요.

(1) 내일 회의 시간을 4시로 변경해 주세요.

  ✎ _____

(2) 이 대리님, 언제 돌아오실 수 있으세요?

  ✎ _____

(3) 한국 고객은 오전 10시에 저희 회사에 도착한다고 해요.

  ✎ _____

(4) 대략 오후 4시 쯤 돌아와요.

  ✎ _____

전자 상거래 아이템 개발하기

한국의 오픈 마켓, 소셜 마켓, 오프라인 시장에서 판매되는 제품의 원산지를 보면 중국산이 많은데, 특히 일상 소모품의 재구매율이 높습니다.

한국의 중소기업이 필요로 하는 반제품이나 원자재를 중국에서 수입해서 중소기업에 납품하면, 중소기업이 조립 및 가공하여 'Made in Korea'로 만들어 일본이나 동아시아 등으로 수출하는 방법입니다.

일본 역시 오픈 마켓 등에서 판매되는 제품의 상당수가 중국에서 수입해 온 것입니다. 그러나 한국과의 차이점은 일본 수입업자들은 수입한 중국 제품에 추가 비용을 지불하여 포장, 디자인, 자체 브랜드를 추가하여 자신의 브랜드를 만드는 경우가 많습니다.

우리나라는 매년 중국산 제품을 수입 판매하는 수입업자들이 늘고 있어, 완제품, 반제품, 부자재, 원자재 등 잘 팔리는 좋은 제품들의 수입이 매년 증가하고 있습니다. 그런데 중국 현지 도매 시장에는 매일 수백, 수천만의 신상품이 쏟아져 나오고 있습니다.

중국 내 도매 시장과 중국 내에서 유통되는 신상품이나, 가격 경쟁력이 높은 제품을 조사하고, 기존 제품에 다른 디자인을 접목하는 방식, 혹은 자신만의 브랜드를 만드는 등의 아이디어를 더한다면 아이템 개발의 영역은 무궁무진할 것입니다.

아이템을 선정하는 과정에는 여러 가지 요인이 있지만 반드시 고려해야 하는 사항이 3가지 있습니다.

1) 개인적 성향
   - 아이템의 개인 선호도
   - 사회적 트랜드
   - 상품에 대한 전문적 지식
   - 자본의 한계

2) 물품의 특성
   - 가격 경쟁력
   - 차별성
   - 고객들의 선호도

3) 수입 통관 여부
   - 운송 수단의 용이점
   - 수입 인증의 용이
   - 관세 비용

물론 이외에도 많은 요인이 있을 수 있지만, 기초 단계에서는 개인의 성향과 수입 상품의 특성, 수입 통관 여부를 면밀히 검토하여 결정하는 것이 좋습니다.

09

은행 업무

我想开个银行帐户。

저는 은행 계좌를 만들고 싶어요.

🎧 09-01

开	kāi	동	개설하다, 열다
银行	yínháng	명	은행
账户	zhànghù	명	계좌
开设	kāishè	동	개설하다
准备	zhǔnbèi	동	준비하다
印章	yìnzhāng	명	도장
营业执照	yíngyè zhízhào	명	영업 허가증, 사업자 등록증
法人	fǎrén	명	법인
代表	dàibiǎo	명	대표(자)
身份证	shēnfènzhèng	명	신분증
先~ 然后~	xiān~ ránhòu~		먼저 ~한 후에 ~하다
填	tián	동	기입하다
表	biǎo	명	표, 신청서
输入	shūrù	동	입력하다
密码	mìmǎ	명	비밀 번호
存	cún	동	저축하다, 모으다
取款	qǔkuǎn	명	예금 인출
业务	yèwù	명	업무, 일
顺便	shùnbiàn	부	~하는 김에, 겸사겸사
汇率	huìlǜ	명	환율
美元	měiyuán	양	미국 달러
兑换	duìhuàn	동	환전하다

09-02

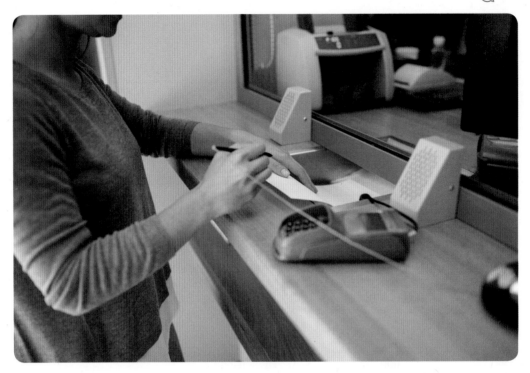

A 我想开个公司的银行账户。

Wǒ xiǎng kāi ge gōngsī de yínháng zhànghù.

B 如果想开设公司银行账户,

Rúguǒ xiǎng kāishè gōngsī yínháng zhànghù,

请准备公司印章、营业执照、

Qǐng zhǔnbèi gōngsī yìnzhāng、yíngyè zhízhào、

法人代表身份证。

fǎrén dàibiǎo shēnfènzhèng.

🎧 09-03

A 你好，我想开个银行账户。
Nǐ hǎo, wǒ xiǎng kāi ge yínháng zhànghù.

B 你先填一下这张表，然后给我你的身份证。
Nǐ xiān tián yíxià zhè zhāng biǎo, ránhòu gěi wǒ nǐ de shēnfènzhèng.

A 好的，这是我的身份证。
Hǎo de, zhè shì wǒ de shēnfènzhèng.

B 请输入密码。你要存多少钱?
Qǐng shūrù mìmǎ. Nǐ yào cún duōshao qián?

A 五千人民币。
Wǔ qiān rénmínbì.

B 从今天开始可以使用银行卡存钱、取款。没有别的业务吗?
Cóng jīntiān kāishǐ kěyǐ shǐyòng yínhángkǎ cúnqián、qǔkuǎn. Méiyǒu biéde yèwù ma?

A 嗯。顺便问一下，今天的汇率是多少?
Èn. shùnbiàn wèn yíxià, Jīntiān de huìlǜ shì duōshao?

B 一美元兑换人民币六块五。
Yì měiyuán duìhuàn rénmínbì liù kuài wǔ.

A 知道了，谢谢。
Zhīdào le, xièxie.

1. 先~，然后~

'先~，然后~'는 '먼저 ~한 후에 ~하다'라는 뜻으로, 어떤 동작을 한 그 다음에 다른 동작을 하는 것을 말합니다.

我们先去上海，然后去广州。　　　우리는 먼저 상하이에 갔다가, 광저우로 간다.
Wǒmen xiān qù Shànghǎi, ránhòu qù Guǎngzhōu.

我们先商量，然后再决定。　　　우리 먼저 상의한 후에, 다시 결정합시다.
Wǒmen xiān shāngliang, ránhòu zài juédìng.

我们先写好合同，然后再开始交易吧。
Wǒmen xiān xiě hǎo hétong, ránhòu zài kāishǐ jiāoyì ba.
우리 먼저 계약서를 작성 후, 거래를 시작하죠.

2. 给의 용법

동사 给는 '주다'는 의미로 쓰이고 뒤에 이중목적어를 가질 수 있습니다.

请给我菜单。　　　저에게 메뉴판 좀 주세요.
Qǐng gěi wǒ càidān.

我要给他机会。　　　나는 그에게 기회를 주려고 한다.
Wǒ yào gěi tā jīhuì.

给는 전치사로도 쓰이는데 '~에게'라는 뜻을 나타냅니다.

请你给我打个电话。　　　나에게 전화를 한 통 주세요.
Qǐng nǐ gěi wǒ dǎ ge diànhuà.

她给我介绍了一个客人。　　　그녀는 나에게 고객 한 분을 소개해 주었다.
Tā gěi wǒ jièshào le yí ge kèrén.

3. 부사 顺便

顺便은 '~하는 김에'라는 뜻으로, 주요 행동을 하면서 부수적인 행동을 할 때 사용합니다.

回家的路上，顺便来看看你。   집에 가는 길에, 당신을 보려고 들렀다.
Huíjiā de lùshàng, shùnbiàn lái kànkan nǐ.

顺便说一下，今晚一起吃饭吧。   말하는 김에, 오늘 저녁에 같이 식사하죠.
Shùnbiàn shuō yíxià, jīnwǎn yìqǐ chīfàn ba.

你去银行的时候，顺便换一下人民币。
Nǐ qù yínháng de shíhou, shùnbiàn huàn yíxià rénmínbì.
당신이 은행에 가신 김에, 인민폐를 환전하세요.

4. 从~开始

从~ 开始는 '~부터 시작하다'의 뜻으로 어떤 일의 시작점을 말하고자 할 때 사용할 수 있습니다.

我从明天开始上班。   나는 내일부터 출근한다.
Wǒ cóng míngtiān kāishǐ shàngbān.

从昨晚开始我一直准备开会。   어제 저녁부터 나는 줄곧 회의 준비를 한다.
Cóng zuówǎn kāishǐ wǒ yìzhí zhǔnbèi kāihuì.

从现在开始，销售问题都听李经理的。
Cóng xiànzài kāishǐ, xiāoshòu wèntí dōu tīng Lǐ jīnglǐ de.
지금부터 매출 문제는 이 매니저의 말을 들으세요.

단어

商量 shāngliang 통 상의하다 | 决定 juédìng 통 결정하다 | 合同 hétong 명 계약(서) | 交易 jiāoyì 명 거래, 장사
| 菜单 càidān 명 메뉴판 | 机会 jīhuì 명 기회 | 换 huàn 통 교환하다 | 今晚 jīnwǎn 명 오늘밤 | 昨晚 zuówǎn
명 어제 저녁 | 一直 yìzhí 부 줄곧 | 问题 wèntí 명 문제 | 听 tīng 통 듣다

패턴 익히기

09-04

1

我想 [A] 。   저는 A 하고 싶습니다.

我想
Wǒ xiǎng

进去。
jìnqù.

在这里抽烟。
zài zhèlǐ chōuyān.

打个电话。
dǎ ge diànhuà.

09-05

2

你先 [A] ，然后 [B] 。   당신은 먼저 A하고,
그런 후에 B 하세요.

你先
Nǐ xiān

调查一下，
diàochá yíxià,

然后
ránhòu

再做决定。
zài zuò juédìng.

做完作业，
zuòwán zuòyè,

再玩吧。
zài wán ba.

看情况
kàn qíngkuàng

决定干不干。
juédìng gàn bú gàn.

3

给我　A　。　저에게 A를 주세요.

一张票。
yì zhāng piào.

给我
Gěi wǒ

一个星期的假。
yí ge xīngqī de jià.

勇气和力量。
yǒngqì hé lìliàng.

🎧 09-07

1

A 我想开个银行账户。
Wǒ xiǎng kāi ge yínháng zhànghù.

B 先填这张表，然后给我身份证。
Xiān tián zhè zhāng biǎo, ránhòu gěi wǒ shēnfènzhèng.

🎧 09-08

2

A 你今天存多少钱？
Nǐ jīntiān cún duōshao qián?

B 五千元。
Wǔ qiān yuán.

🎧 09-09

3

A 没有别的业务吗？
Méiyǒu biéde yèwù ma?

B 既然来了银行，我就顺便申请网上银行。
Jìrán lái le yínháng, wǒ jiù shùnbiàn shēnqǐng wǎngshàng yínháng.

🎧 09-10

4

A 卡丢了想再办一张。
Kǎ diū le xiǎng zài bàn yì zhāng.

B 请给我身份证。
Qǐng gěi wǒ shēnfènzhèng.

단어 申请 shēnqǐng 동 신청하다 | 网上银行 wǎngshàng yínháng 인터넷 뱅킹 | 卡 kǎ 명 카드 | 丢 diū 동 잃다, 잃어버리다

09-11

중국 주요 은행 명칭

中国银行	Zhōngguó Yínháng	중국은행
工商银行	Gōngshāng Yínháng	공상은행, ICBC
建设银行	Jiànshè Yínháng	건설은행
兴业银行	Xīngyè Yínháng	흥업은행
招商银行	Zhāoshāng Yínháng	초상은행
农业银行	Nóngyè Yínháng	농업은행
中国邮政储蓄银行	Zhōngguó yóuzhèng chǔxù Yínháng	중국우편저축은행
交通银行	Jiāotōng Yínháng	교통은행

은행 업무 관련 표현

窗口	chuāngkǒu	(은행) 창구
自动取款机	zìdòng qǔkuǎnjī	현금 자동 인출기, ATM
账户	zhànghù	계좌
取钱	qǔqián	출금하다
存钱	cúnqián	입금하다
转账	zhuǎnzhàng	계좌 이체하다
账号	zhànghào	계좌 번호
输入密码	shūrù mìmǎ	비밀 번호를 입력하다
汇率	huìlǜ	환율
兑换	duìhuàn	환전하다

1. 녹음을 잘 듣고 내용에 맞는 그림을 고르세요. 🎧 09-12

A

B

C

D

(1) _____ (2) _____ (3) _____ (4) _____

2. 녹음을 잘 듣고 한어병음(P)과 그에 맞는 한자(C)를 쓰세요. 🎧 09-13

(1) P _____   C _____

(2) P _____   C _____

(3) P _____   C _____

(4) P _____   C _____

(5) P _____   C _____

(6) P _____   C _____

3. 서로 어울리는 대화를 연결하세요.

(1) 您想存多少钱? •

(2) 这是我的身份证。 •

(3) 没有别的业务吗? •

(4) 我想开个账户, •
　　 需要身份证吗?

• A 没有，谢谢。

• B 好的，请稍等。

• C 五千人民币。

• D 对，需要。

4. 다음을 중국어로 써 보세요.

(1) 저는 은행 계좌를 개설하고 싶어요.

_____

(2) 저에게 신분증을 주세요.

_____

(3) 다른 업무는 없으신가요?

_____

(4) 오늘 환율은 얼마인가요?

_____

중국 시장 마케팅

중국 도시의 높은 집값과 생활비, 젊은 세대의 가치관 변화로 결혼 시기가 늦어지거나 결혼 계획이 없는 인구가 늘어남에 따라 1인 가구가 빠르게 증가하고 있다. 세계 2위 내수 시장을 보유하고 있는 중국의 1인 가구는 2025년쯤 1억 가구를 돌파할 것으로 보인다.

1인 가구의 소비지출 규모는 다인(多人) 가구보다 높고 개인 중심의 소비 성향을 보인다. 이들은 간편 효율, 소형, 맞춤형 서비스, 개인 중심 소비, 생활 밀착형 쇼핑 채널 등을 선호하며, 평소에는 편의점 등 간단히 식사를 해결하지만, 개인의 가치를 돋보이게 하는 데에 중점을 두고, 문화생활, 건강을 위해서는 높은 소비력을 보인다.

중국의 Z세대(95后)들은 중국의 빠링허우(80后), 지우링허우(90后)와 함께 중국 경제활동 인구의 주력 계층이자 핵심 소비층으로 주목받고 있고, 주로 트렌디하고 실용주의적인 소비를 선호한다. 어릴 때부터 인터넷, TV 등 많은 매체에 노출되었던 이들은 SNS를 통해 취향 정보를 공유하고 온라인·소셜·모바일 등을 이용하여 쇼핑을 즐긴다. 코로나19 이후 중국 내 소비와 유통이 온라인 거래로 급격하게 바뀌면서 중국의 온라인 시장 규모가 고속 성장하고 있다.

중국의 소비자는 물건을 구매할 때 확인하고 또 확인한다. 지인에게 추천받고 인터넷으로 비교 검색하고, 검색된 것을 지식인 등에 물어보고, 구매 업체의 신용도를 세밀히 비교한 후 판매자와의 채팅방을 통해서 가격 흥정을 하고 흥정이 끝나면 할인쿠폰 등을 찾고 공동구매 사이트를 통해서 물건을 구입한다.

빠르게 변화하고 있는 중국의 소비 시장에서 주 소비층의 취향과 니즈, 소비의 패턴을 정확하게 파악하여 서비스를 제공하는 것이 중국 시장 진출 성공에 있어 무엇보다 중요한 요소이다.

▶ 중국의 온라인 마케팅 방법

중국에서는 웨이신(微信), 웨이보(微博), 공중하오(公众号)와 같은 SNS를 이용하여 소비자을 찾고 이커머스(E-Commerce) 오픈 마켓을 통해 제품의 노출하고 왕홍(网红)과 제휴하여 라이브커머스를 진행하고, SNS를 통해 제품의 개발 과정, 동영상을 배포하는 등 마케팅 방법을 활용한다.

순위	판매 프로세스	온라인 관련 채널
1	커뮤니티 선정	웨이신(微信), 웨이보(微博), 공중하오(公众号)
2	이커머스(E-Commerce)	타오바오(淘宝), 티엔마오(天猫), 징동(京东), 이하오띠엔(1号店), 알리바바(阿里巴巴)
3	왕홍(网红), 인플루언스	콰이쇼우(快手), 도우인(抖音)
4	SNS 소셜 노출	유쿠(优酷), 바이두(百度), 텐센트(腾信), 망고TV(芒果TV)

▶ 왕홍(网红)과 라이브 커머스

왕홍(网红)은 '网络红人'의 약칭으로, 중국 SNS에서 활동하면서 많은 팔로우를 거느리고 '인터넷에서 인기 있는 사람'을 의미한다. 이들은 SNS를 통해 대중과 접촉하며 오락, 쇼핑, 여행, 요리, 패션, 게임 등 다양한 분야에서 활동하고 있으며 이들은 실시간 온라인 방송을 통해 제품을 직접 체험하는 영상 콘텐츠를 제작하여 제공하며 팬덤(fandom)의 신뢰, 인기를 바탕으로 온라인 직접판매, 위탁판매를 주도하고 있다. 코로나19 이후 집에 머무는 시간이 많아진 소비자들은 인터넷을 활용한 다양한 왕홍의 콘텐츠와 쇼핑을 즐기면서 중국의 라이브 커머스 산업은 크게 성장하고 있다.

你能不能告诉我
他的邮件地址?

저에게 그의 이메일 주소를 알려주실 수 있나요?

학습 목표 비즈니스에 필요한 연락처 관련 표현을 익혀 봅시다.

주요 표현 请告诉我营销部的电话号码。
你能告诉我王经理的邮箱吗?

새 단어

🎧 10-01

告诉	gàosu	동	알리다, 말하다
(电子)邮件地址	(diànzǐ) yóujiàn dìzhǐ		이메일 주소
找	zhǎo	동	찾다
哪	nǎ	대	어느
位	wèi	양	분
主任	zhǔrèn	명	주임
采购部	cǎigòu bù	명	구매부
不太	bú tài		그다지 ~하지 않다
清楚	qīngchu	형	분명하다, 명확하다
应该	yīnggāi	조동	당연히 ~할 것이다
发	fā	동	보내다, 발송하다
建议书	jiànyìshū	명	제안서, 건의서
邮箱	yóuxiāng	명	우편함
确认	quèrèn	동	확인하다

🎧 10-02

A 你好。请告诉我营销部的电话号码。
Nǐ hǎo. Qǐng gàosu wǒ yíngxiāo bù de diànhuà hàomǎ.

B 您找哪位?
Nín zhǎo nǎ wèi?

A 我找营销部的王经理。
Wǒ zhǎo yíngxiāo bù de Wáng jīnglǐ.

B 请稍等，0532-7858-675。
Qǐng shāo děng, líng wǔ sān èr qī bā wǔ bā liù qī wǔ.

🎧 10-03

A 你好！我是韩国电子的金主任。我找采购部的王经理。
　　Nǐ hǎo! 　Wǒ shì Hánguó diànzǐ de Jīn zhǔrèn. 　Wǒ zhǎo cǎigòu bù de Wáng jīnglǐ.

B 他正在美国出差呢。
　　Tā zhèngzài Měiguó chūchāi ne.

A 他什么时候回来？
　　Tā shénme shíhou huílái?

B 我也不太清楚，应该下个星期。
　　Wǒ yě bútài qīngchu, 　yīnggāi xià ge xīngqī.

A 我想发销售建议书，你能告诉我王经理的邮箱吗？
　　Wǒ xiǎng fā xiāoshòu jiànyìshū, 　nǐ néng gàosu wǒ Wáng jīnglǐ de yóuxiāng ma?

B 他的邮箱地址是Bibigogo1234@qq.com。
　　Tā de yóuxiāng dìzhǐ shì Bibigogo yī èr sān sì@qq.com.

A 我再确认一下，Bibigogo1234@qq.com，对吧？
　　Wǒ zài quèrèn yíxià, 　Bibigogo yī èr sān sì@qq.com, 　duì ba?

1. 사람을 세는 양사

사람을 세는 양사에는 다음과 같은 종류가 있습니다.

1) 个 ge: 사람을 세는 가장 보편적인 양사로 구어에서 많이 쓰입니다.

她是一个新来的职员。　　　그녀는 새로 들어온 직원입니다.
Tā shì yí ge xīn lái de zhíyuán.

2) 名 míng: 신문 보도 등 공식적인 상황에서 자주 쓰입니다.

我们公司招聘一名会计师。　　　우리 회사는 회계사 한 명을 모집합니다.
Wǒmen gōngsī zhāopìn yì míng kuàijìshī.

3) 位 wèi: 존경의 의미를 담은 양사입니다.

他正在接听一位重要客户的电话。　　　그는 지금 중요한 고객의 전화를 받고 있다.
Tā zhèngzài jiē tīng yí wèi zhòngyào kèhù de diànhuà.

4) 口 kǒu: 식구를 세는 양사입니다.

我家有三口人。　　　우리 집에는 세 식구가 있습니다.
Wǒ jiā yǒu sān kǒu rén.

2. 부사 也

부사 也는 '~도', '또한'의 뜻으로, 동사나 형용사 앞에 옵니다.

他也是韩国人。　　　그도 한국인입니다.
Tā yě shì Hánguórén.

你也看计划书了吗?　　　당신도 제안서를 봤나요?
Nǐ yě kàn jìhuàshū le ma?

明天我也要去开会。　　　나도 내일 회의에 참석하려고 합니다.
Míngtiān wǒ yě yào qù kāihuì.

3. 정도부사

很 아주, 매우 hěn	挺 아주, 매우 tǐng
比较 비교적 bǐjiào	真 정말로 zhēn
太 너무 tài	特别 특별히 tèbié
不太 별로 ~하지 않다 bútài	非常 아주, 매우 fēicháng

这个菜很合我的胃口。　　이 요리는 내 입맛에 맞습니다.
Zhè ge cài hěn hé wǒ de wèikǒu.

非常感谢你来接我。　　마중 나와 주셔서 대단히 감사합니다.
Fēicháng gǎnxiè nǐ lái jiē wǒ.

4. 조동사 应该

조동사 应该는 '(도리상) 마땅히 ~해야한다'는 의미 이외에 '당연히 ~할 것이다'라는 강한 추측을 나타내기도 합니다.

我们应该要认真工作。　　우리는 열심히 일해야 합니다.
Wǒmen yīnggāi yào rènzhēn gōngzuò.

会议应该已经结束了。　　회의는 당연히 이미 끝났을 것입니다.
Huìyì yīnggāi yǐjing jiéshù le.

招聘 zhāopìn 图 모집하다, 초대하다 | 会计师 kuàijishī 図 회계사 | 接听 jiētīng 图 (전화를) 받다 | 合胃口 hé wèikǒu 입맛에 맞다 | 接 jiē 图 마중하다, 맞이하다 | 认真 rènzhēn 휑 성실하다, 착실하다 | 结束 jiéshù 图 끝나다, 마치다

🎧 10-04

1

请告诉我 A 。 저에게 A를 알려 주세요.

请告诉我
Qǐng gàosu wǒ

好消息。
hǎo xiāoxi.

出了什么事。
chū le shénme shì.

你的秘密。
nǐ de mìmì.

🎧 10-05

2

他正在 A 呢。 그는 현재 A 중입니다.

他正在
Tā zhèngzài

发短信
fā duǎnxìn

见客户
jiàn kèhù

外出
wàichū

呢。
ne.

3 🎧 10-06

我也 A 。 저도 A합니다.

我也
Wǒ yě

有两个孩子。
yǒu liǎng ge háizi.

一起去。
yìqǐ qù.

不知道。
bù zhīdào.

📇 단어

消息 xiāoxi 뗑 소식 │ **出** chū 동 발생하다 │ **秘密** mìmì 뗑 비밀 │ **短信** duǎnxìn 뗑 문자 메시지 │ **外出** wàichū
동 외출하다, 출장 가다 │ **孩子** háizi 뗑 아이, 자식 │ **一起** yìqǐ 믿 같이

실전 대화 연습

🎧 10-07

1

A 您找哪位?
Nín zhǎo nǎ wèi?

B 我找营销部的王经理。
Wǒ zhǎo yíngxiāo bù de Wáng jīnglǐ.

🎧 10-08

2

A 你有微信账号吗?
Nǐ yǒu Wēixìn zhànghào ma?

B 有。 我要加个朋友。
Yǒu. Wǒ yào jiā ge péngyou.

🎧 10-09

3

A 你能不能告诉我他的电话号码?
Nǐ néng bu néng gàosu wǒ tā de diànhuà hàomǎ?

B 请稍等。我马上告诉你。
Qǐng shāo děng. Wǒ mǎshàng gàosu nǐ.

🎧 10-10

4

A 你能不能告诉我他的邮件地址?
Nǐ néng bu néng gàosu wǒ tā de yóujiàn dìzhǐ?

B 他的电子邮箱地址是1234@qq.com。
Tā de diànzǐ yóuxiāng dìzhǐ shì yī èr sān sì@qq.com.

단어 微信 Wēixìn 몡 위챗 | 账号 zhànghào 몡 계정 | 加 jiā 동 더하다, 보태다 | 马上 mǎshàng 閉 곧, 즉시

🎧 10-11

전화 관련 표현

手机营业厅	shǒujī yíngyètīng	휴대폰 영업소
手机开户	shǒujī kāihù	휴대폰 개설
无线上网	wúxiàn shàngwǎng	무선 인터넷
手机充值	shǒujī chōngzhí	휴대폰 충전
套餐计划	tàocān jìhuà	패키지
网路电话	wǎnglù diànhuà	인터넷 전화
外国人优惠	wàiguórén yōuhuì	외국인 우대
漫游费	mànyóufèi	로밍 요금

이메일 관련 표현

我方/我公司/本公司	wǒfāng / wǒ gōngsī / běn gōngsī	당사
贵方/贵公司	guìfāng / guì gōngsī	귀사
发邮件	fā yóujiàn	이메일을 보내다
附件	fùjiàn	첨부 파일
回复	huífù	회답하다
此致	cǐzhì	이와 같은 내용을 보냅니다
敬上	jìngshàng	정중히 올립니다
顺祝	shùn zhù	(편지를 마무리하며) 기원합니다

1. 녹음을 잘 듣고 내용에 맞는 그림을 고르세요. 🎧 10-12

A

B

C

D

(1) ＿＿＿＿＿＿ (2) ＿＿＿＿＿＿ (3) ＿＿＿＿＿＿ (4) ＿＿＿＿＿＿

2. 녹음을 잘 듣고 한어병음(P)과 그에 맞는 한자(C)를 쓰세요. 🎧 10-13

(1) P ＿＿＿＿＿＿＿＿＿＿＿＿ C ＿＿＿＿＿＿＿＿＿＿＿＿

(2) P ＿＿＿＿＿＿＿＿＿＿＿＿ C ＿＿＿＿＿＿＿＿＿＿＿＿

(3) P ＿＿＿＿＿＿＿＿＿＿＿＿ C ＿＿＿＿＿＿＿＿＿＿＿＿

(4) P ＿＿＿＿＿＿＿＿＿＿＿＿ C ＿＿＿＿＿＿＿＿＿＿＿＿

(5) P ＿＿＿＿＿＿＿＿＿＿＿＿ C ＿＿＿＿＿＿＿＿＿＿＿＿

(6) P ＿＿＿＿＿＿＿＿＿＿＿＿ C ＿＿＿＿＿＿＿＿＿＿＿＿

3. 서로 어울리는 대화를 연결하세요.

(1) 你能不能告诉我
    他的电话号码?   A 对不起，我不知道。

(2) 他什么时候回来?   B 有。我要加个朋友。

(3) 您找哪位?   C 我找王总。

(4) 你有微信账号吗?   D 我也不太清楚，
                                       应该下个星期。

4. 다음을 중국어로 써 보세요.

(1) 저는 영업부의 왕 부장님을 찾고 있어요.

    _____

(2) 당신은 이 대리님의 이메일 주소를 알려 주실 수 있나요?

    _____

(3) 그분은 현재 미국 출장 중이에요.

    _____

(4) 잠시만요, 제가 바로 당신께 알려 드릴게요.

    _____

중국 온라인 시장 입점하기

　중국의 전자 상거래 시장 중 알리바바는 B2B 사이트인 알리바바(阿里巴巴), B2C 사이트인 티몰(天猫), C2C 사이트인 타오바오(淘宝)를 가지고 있습니다. 그중 타오바오는 여권만 있으면 입점할 수 있으며, 판매 수수료 무료, 다양한 무료 마케팅, 상점 중심의 플랫폼 시장으로 외국인 판매자가 이용하기에 용이합니다.

　타오바오의 판매 대금은 인민폐로 지급되는데, 인민폐의 은행 거래를 위해서는 판매자가 중국 현지 은행에 계좌를 개설하여, 판매 대금을 받을 수 있도록 연동시켜야 합니다.

　은행 계좌를 개설하기 위해서는 한국과 마찬가지로 신분증(여권)과 연락처, 그리고 타오바오 상점 개설 보증금 1,000위안을 준비하여 중국공상은행(中国工商银行) 등에 직접 가서 개설하면 됩니다. 중국어가 능숙하지 않은 한국인은 현지 한국인이나 중국 현지 유학생(대학생)의 도움을 받아 개설할 수 있습니다.

1) 여권과 비자: 여권은 유효기간 6개월 이상, 비자의 경우 L 단수비자(관광비자) 30일, 90일을 발급받아 가면 됩니다.

2) 현금 1,000위안: 소비자 안심 보장 보험료 1,000위안과 최소 운영자금 1,500위안 정도 입금시켜 놓으면 기타 수수료를 감안하여 운영할 수 있습니다.

3) 중국 휴대폰 유심칩: 한국의 SK, KT 등과 같이 중국 연통, 중국 이동에서 신분증(여권)과 현금 100위안 정도 지급하면 유심칩을 구입할 수 있습니다. 중국은 통신 요금을 선불제로 운영하여 선입금 후 사용해야 하며 잔액이 없으면 통화, 문자 등이 종료됩니다. 해외 로밍일 경우는 500위안~1,000위안을 보증금으로 내야 합니다.

4) 즈푸바오(支付宝) 등록이 가능한 은행: 중국공상은행(中国工商银行), 중국은행(中国银行), 중국교통은행(中国交通银行)에서 통장을 개설하고 은행 카드, 인터넷 뱅킹 USB 등을 받으면 됩니다.

은행 계좌 개설이 완료되면 타오바오 판매자 등록을 위해 타오바오 회원 가입을 하고 판매자 아이디와 비밀번호를 받게 되는데, 타오바오 가입이 완료되면 즈푸바오(支付宝) 아이디는 자동으로 생성됩니다.

다음으로 타오바오는 판매자 확인을 위해 두 가지 절차를 거치는데, 판매 대금을 정산하기 위한 계좌 실명 확인과 즈푸바오와 타오바오 소유자가 같은지 확인하는 것입니다.

여권상의 이름과 여권 번호가 은행 계좌와 일치하는지 확인하고, 즈푸바오와 은행 계좌를 연동해 판매 대금을 정산 받을 수 있도록 계좌를 신청하면, 6시간 정도 후 인증확인이 이루어집니다.

C2C의 쇼핑몰인 타오바오를 통해 전자 상거래에 대한 경험과 자본을 축적한다면, 중국 현지 사업자 등록 혹은 합자를 통해 B2C 쇼핑몰인 티몰로 점진적 영토를 확장해 나아가는 것도 추천합니다.

请出示您的护照和机票。

당신의 여권과 비행기표를 보여 주세요.

학습 목표 공항 출국 수속에 관한 표현을 익혀 봅시다.

주요 표현 请出示您的护照和机票。
你想要靠窗户还是靠过道的座位?

🎧 11-01

出示	chūshì	동	제시하다, 내보이다
订	dìng	동	예약하다
往返	wǎngfǎn	동	왕복하다
机票	jīpiào	명	항공권
护照	hùzhào	명	여권
靠	kào	동	기대다
窗户	chuānghu	명	창문
还是	háishi	접	또는, 아니면
过道	guòdào	명	통로
座位	zuòwèi	명	좌석, 자리
前排	qiánpái	명	앞칸, 앞줄
挺	tǐng	부	매우, 대단히
托运	tuōyùn	동	화물을 부치다
行李	xíngli	명	여행짐, 수화물
行李箱	xínglixiāng	명	여행 가방, 캐리어
登机牌	dēngjīpái	명	탑승권
祝	zhù	동	축원하다, 기원하다
旅途	lǚtú	명	여정
愉快	yúkuài	형	기분이 좋다, 유쾌하다

11-02

A 我想订一张去北京的往返机票。
Wǒ xiǎng dìng yì zhāng qù Běijīng de wǎngfǎn jīpiào.

B 您要买哪天的机票?
Nín yào mǎi nǎ tiān de jīpiào?

A 八月十号, 下星期五。
Bā yuè shí hào,　xià xīngqīwǔ.

B 好的。
Hǎo de.

11-03

A 请出示您的护照和机票。
Qǐng chūshì nín de hùzhào hé jīpiào.

B 好的，给您。
Hǎo de,　gěi nín.

A 你想要靠窗户还是靠过道的座位？
Nǐ xiǎng yào kào chuānghu háishi kào guòdào de zuòwèi?

B 我想坐前排靠窗户的座位。
Wǒ xiǎng zuò qiánpái kào chuānghu de zuòwèi.

A 我看看，前面第三排的座位，怎么样？
Wǒ kànkan,　qiánmian dì sān pái de zuòwèi,　zěnmeyàng?

B 挺好，谢谢。
Tǐng hǎo,　xièxie.

A 有没有要托运的行李？
Yǒu méiyǒu yào tuōyùn de xíngli?

B 有。一个行李箱。
Yǒu.　Yí ge xínglixiāng.

A 好的，这是您的登机牌和护照。祝您旅途愉快。
Hǎo de,　zhè shì nín de dēngjīpái hé hùzhào.　Zhù nín lǚtú yúkuài.

1. 접속사 和

和는 접속사로서 '~와'라는 의미로 두 개 이상의 명사를 병렬하여 연결할 때 사용합니다.

你和我一起去吧。　　　당신은 나와 같이 갑시다.
Nǐ hé wǒ yìqǐ qù ba.

我想和你谈谈。　　　나는 당신과 이야기를 좀 하고 싶다.
Wǒ xiǎng hé nǐ tántan.

我家有爸爸、妈妈、姐姐和我。　　　나의 가족은 아버지, 어머니, 언니 그리고 나입니다.
Wǒ jiā yǒu bàba、　māma、　jiějie hé wǒ.

 2. A 还是 B

还是는 '또는', '아니면'의 뜻으로, 둘 중 하나를 선택할 때 쓰는 선택의문문을 나타냅니다.

他去还是你去?　　　그가 갑니까 아니면 당신이 갑니까?
Tā qù háishi nǐ qù?

他们今天去还是明天去?　　　그들은 오늘 갑니까 아니면 내일 갑니까?
Tāmen jīntiān qù háishi míngtiān qù?

你们在这儿吃还是带走?　　　당신들은 여기서 먹습니까 아니면 가지고 갑니까?
Nǐmen zài zhèr chī háishi dàizǒu?

3. 동사 중첩

단음절 동사 중첩은 동작의 시간이 짧거나 어떤 동작을 시험삼아 해 본다는 의미를 나타냅니다. 이때 중첩된 동사의 두 번째 음절은 '경성'으로 발음합니다.

看看 좀 보다 kànkan	试试 해 보다 shìshi	听听 들어보다 tīngting

首先听听看吧。　　먼저 한번 들어봅시다.
Shǒuxiān tīngting kàn ba.

我想开个网店试试。　　나는 인터넷 쇼핑몰을 오픈하고 싶다.
Wǒ xiǎng kāi ge wǎngdiàn shìshi.

可以看看从中国带来的样品吗?　　중국에서 가져오신 샘플을 좀 봐도 될까요?
Kěyǐ kànkan cóng Zhōngguó dàilái de yàngpǐn ma?

4. 祝 용법

축하나 축원의 뜻을 전할 때, 동사 祝를 사용하여 표현합니다.

祝你幸福!　　행복을 빕니다!
Zhù nǐ xìngfú!

祝你早日康复!　　빠른 쾌유를 빕니다!
Zhù nǐ zǎorì kāngfù!

祝你的事业更上一层楼。　　당신의 사업이 더 번창하길 기원합니다.
Zhù nǐ de shìyè gèng shàng yì céng lóu.

단어

谈 tán 图 이야기하다 | 首先 shǒuxiān 图 먼저, 우선 | 网店 wǎngdiàn 图 온라인 쇼핑몰 | 带来 dàilái 图 가져오다 | 带走 dàizǒu 图 가지고 가다 | 看 kàn 图 해보다(동사 뒤에 쓰여 한번 시도 해봄을 표시함) | 试 shì 图 시험하다, 시도하다 | 幸福 xìngfú 图 행복 | 早日 zǎorì 图 하루 빨리, 곧 | 康复 kāngfù 图 건강을 회복하다 | 事业 shìyè 图 사업 | 更上一层楼 gèng shàng yì céng lóu 한 단계 더 높이다

1 🎧 11-04

A 还是 B ?   A입니까 아니면 B입니까?

你去
Nǐ qù

我去?
wǒ qù?

你满意
Nǐ mǎnyì

还是
háishi

不满意?
bù mǎnyì?

你坐飞机去
Nǐ zuò fēijī qù

坐火车去?
zuò huǒchē qù?

2 🎧 11-05

我 A 。   제가 A 해 보겠습니다.

想想。
xiǎngxiang.

我
Wǒ

等等。
děngdeng.

尝尝。
chángchang.

3

祝你　A　！　　당신이 A하기를 바래요!

祝你
Zhù nǐ

生日快乐!
shēngrì kuàilè!

一路平安!
yílù píng'ān!

健康!
jiànkāng!

단어

满意 mǎnyì 형 만족하다 │ 火车 huǒchē 명 기차 │ 尝 cháng 동 맛보다 │ 快乐 kuàilè 형 즐겁다, 유쾌하다 │
一路 yílù 명 도중, 노중 │ 平安 píng'ān 형 평안하다, 무사하다 │ 健康 jiànkāng 형 건강하다

실전 대화 연습

🎧 11-07

1

A 请出示您的护照和机票。
Qǐng chūshì nín de hùzhào hé jīpiào.

B 请稍等。这里。
Qǐng shāo děng. Zhèlǐ.

🎧 11-08

2

A 有没有要托运的行李?
Yǒu méiyǒu yào tuōyùn de xíngli?

B 有。是一个行李箱。
Yǒu. Shì yí ge xínglixiāng.

🎧 11-09

3

A 你想要靠窗户还是靠过道座位?
Nǐ xiǎng yào kào chuānghu háishi kào guòdào zuòwèi?

B 我要前排窗户的座位。
Wǒ yào qiánpái chuānghu de zuòwèi.

🎧 11-10

4

A 这张机票什么时候能登机?
Zhè zhāng jīpiào shénme shíhou néng dēngjī?

B 二十分钟后可以登机 。
Èrshí fēnzhōng hòu kěyǐ dēngjī.

단어 登机 dēngjī 통 탑승하다

플러스 표현

공항 관련 표현

国内航班	guónèi hángbān	명	국내선
国际航班	guójì hángbān	명	국제선
头等舱	tóuděngcāng	명	일등석
商务舱	shāngwùcāng	명	비즈니스석
经济舱	jīngjìcāng	명	이코노미석
登记手续	dēngjì shǒuxù		탑승 수속
安全检查	ānquán jiǎnchá		보안 검사
登机口	dēngjīkǒu		탑승 게이트

출입국 신고서 관련 표현

国籍	guójí	명	국적
护照号码	hùzhào hàomǎ		여권 번호
在华住址	zài huá zhùzhǐ		중국 내 거주지
签证号码	qiānzhèng hàomǎ		비자 번호
签证处	qiānzhèngchù		비자 발급처
入境事由	rùjìng shìyóu		입국 사유
航班号	hángbānhào		항공편명
船名	chuánmíng		선박명
车次	chēcì		열차 번호

1. 녹음을 잘 듣고 내용에 맞는 그림을 고르세요. 🎧 11-12

A

B

C

D

(1) _____ (2) _____ (3) _____ (4) _____

2. 녹음을 잘 듣고 한어병음(P)과 그에 맞는 한자(C)를 쓰세요. 🎧 11-13

(1) P _____ C _____

(2) P _____ C _____

(3) P _____ C _____

(4) P _____ C _____

(5) P _____ C _____

(6) P _____ C _____

3. 서로 어울리는 대화를 연결하세요.

(1) 这张机票什么时候能登机? •   • A 八月十号，下星期五。

(2) 你有没有要托运的行李? •   • B 好的。这里。

(3) 请出示您的护照和机票。 •   • C 没有行李。

(4) 您要买哪天的机票? •   • D 二十分钟后可以登机。

4. 다음을 중국어로 써 보세요.

(1) 저는 베이징 가는 왕복 항공권을 예약하고 싶어요.

(2) 당신은 창가 아니면 통로 중 어떤 자리를 원하세요?

(3) 저는 앞줄 창가 자리에 앉고 싶어요.

(4) 즐거운 여행하세요.

수입 통관 절차 알아보기

수입 통관은 포워드, 관세사에 위탁하면 간편히 해결할 수 있지만 통관 절차를 알고 있으면 제품 판매 시점을 정할 수 있습니다.

1. 수입 통관 절차

수입은 외국 물품을 우리나라에 반입(보세 구역 경유 포함)하거나 대외 무역법에 의거, 외국에서 외국으로 유상 인수하는 물품을 포함합니다. 수입 통관 절차는 입항 후 보세 구역에 반입하고 수입 업자가 수입 신고를 하면 관세청은 수입 물품에 대한 심사, 검사 후 신고 내역 확정 및 세액 여부를 결정하며 수입 업자는 제세 납부 후 물품을 반출하면 됩니다.

입항 → 보세 구역 반입 → 수입 신고 → 심사 검사 → 신고 수리 → 제세 납부 → 반출

2. 수출 통관 절차

수출 업자는 수출 계약 후 신용장을 받고 수출 물품을 제작하거나 확보한 후, 세관에 수출 신고를 하면 세관은 수출 물품에 대한 심사 검사 후 수출 관세가 납부되면 적재 출항할 수 있습니다.

수출 계약 → 신용장 네도 → 수출 물품 확보 → 수출 신고 → 심사 검사 → 적재 → 출항

3. 수입 신고의 시기는 출항 전 신고, 입항 전 신고, 보세 구역 도착 전 신고, 보세 구역 도착 후 신고 중 선택하여 신고합니다.

4. 신고 시 제출 서류는 송품장, 선하 증권, 포장 명세서, 원산지 증명서 등입니다.
(전자 서류 제출이 원칙입니다.)

5. 세액의 확정

1) 납세 의무자가 과세 표준 및 납부 세액을 스스로 결정, 신고 납부합니다.
2) 세액 심사는 수입 신고 수리 후 세액의 정정, 보정, 수정 신고, 정정 청구를 할 수 있으며, 과세 채권을 확보하기가 곤란한 경우에는 신고 전에 심사할 수 있다.

6. 수입 신고 수리 시점

1) 출항 전 또는 입항 전 신고 물품: 적하 목록 심사가 완료된 때
2) 보세 구역 도착 전 신고 물품: 보세 운송 도착이 보고된 때
3) 검사 대상 선별 물품: 해당 물품의 검사가 종료된 때

7. 신고 취하는 계약 내용과 상이, 오송, 변질, 손상 등으로 반송하게 된 경우, 또는 재해 그 밖의 부득이한 사유로 멸실, 세관장의 승인을 받아 폐기, 통관 보류, 요건 불합격, 수입 금지 등의 사유로 반송하거나 폐기한 경우에 신고를 취하합니다.

12

선물 사기

我要又便宜又好喝的酒。

저는 싸고도 맛있는 술을 원합니다.

학습 목표 비즈니스에 필요한 선물을 구매할 때 쓰는 표현을 익혀 봅시다.

주요 표현 我要又便宜又好喝的酒。
这家店里中国白酒, 洋酒什么的都有。

🎧 12-01

便宜	piányi	형	(값이) 싸다
好喝	hǎohē	형	(마시는 것이) 맛이 좋다, 맛있다
酒	jiǔ	명	술
东西	dōngxi	명	물건, 물품
买	mǎi	동	사다
商务	shāngwù	명	상무, 상업상의 용무
礼品	lǐpǐn	명	선물
推荐	tuījiàn	동	추천하다
化妆品	huàzhuāngpǐn	명	화장품
名酒	míngjiǔ	명	명주
家	jiā	양	가정, 가게 따위를 세는 단위
店	diàn	명	상점, 가게
种类	zhǒnglèi	명	종류
洋酒	yángjiǔ	명	양주
西凤酒	xīfèngjiǔ	명	시펑지우
五粮液	wǔliángyè	명	우량예
受欢迎	shòu huānyíng		인기가 있다, 환영을 받다
瓶	píng	양	병
香水	xiāngshuǐ	명	향수
结账	jiézhàng	동	계산하다
刷卡	shuākǎ		카드로 결제하다
扫二维码	sǎo èrwéimǎ		QR 코드를 찍다
支付	zhīfù	동	지불하다, 지급하다

🎧 12-02

A 您需要什么?
Nín xūyào shénme?

B 我想买商务礼品。请给我推荐一下。
Wǒ xiǎng mǎi shāngwù lǐpǐn. Qǐng gěi wǒ tuījiàn yíxià.

A 化妆品，中国名酒什么的，都可以。
Huàzhuāngpǐn, Zhōngguó míngjiǔ shénme de, dōu kěyǐ.

회화 2 선물 사기

🎧 12-03

A 我想买酒。这家店里有哪些种类的酒?
Wǒ xiǎng mǎi jiǔ. Zhè jiā diànlǐ yǒu nǎxiē zhǒnglèi de jiǔ?

B 这家店里中国白酒，洋酒什么的都有。
Zhè jiā diànlǐ Zhōngguó báijiǔ, yángjiǔ shénme de dōu yǒu.

A 是吗? 太好了! 我要又便宜又好喝的酒。
Shì ma? Tài hǎo le! Wǒ yào yòu piányi yòu hǎohē de jiǔ.

B 最近西凤酒和五粮液很受欢迎。
Zuìjìn xīfèngjiǔ hé wǔliángyè hěn shòu huānyíng.

A 那给我一瓶五粮液吧。
Nà gěi wǒ yì píng wǔliángyè ba.

B 有，在这儿。还需要别的吗?
Yǒu, zài zhèr. Hái xūyào biéde ma?

A 一瓶香水也一起结账吧。
Yì píng xiāngshuǐ yě yìqǐ jiézhàng ba.

B 你要刷卡还是扫二维码?
Nǐ yào shuākǎ háishi sǎo èrwéimǎ?

A 我用二维码支付。
Wǒ yòng èrwéimǎ zhīfù.

 조동사 想, 要, 可以의 구별

1) 想은 '~하고 싶다'라는 뜻의 조동사로, 부정형은 不想입니다.

我想当老板　　　나는 사장이 되고 싶다.
Wǒ xiǎng dāng lǎobǎn.

我不想当经纪人。　　　나는 매니저가 되고 싶지 않다.
Wǒ bù xiǎng dāng jīngjìrén.

2) 要은 '~할 것이다'라는 뜻으로, 강한 의지 또는 계획을 나타낼 때 사용합니다. 不要는 '~하지 마라'라는 금지의 표현으로 부정은 不想으로 표현합니다.

您要给他留言吗?　　　당신은 그에게 메모를 남겼나요?
Nín yào gěi tā liúyán ma?

我要今天做完这件事。　　　나는 오늘 이 일을 끝낼 것이다.
Wǒ yào jīntiān zuòwán zhè jiàn shì.

3) 可以는 조건이나 환경이 객관적으로 가능할 때 사용하며, '~해도 된다'는 뜻을 나타냅니다. 부정형은 不能으로 표현합니다.

A　这儿可以吸烟吗?　　　여기서 담배 피워도 되나요?
　　Zhèr kěyǐ xīyān ma?

B　这儿不能吸烟。　　　여기서는 담배 필 수 없습니다.
　　Zhèr bù néng xīyān.

② 什么的 용법

什么的는 몇 가지 예시 뒤에 써서 '~등, ~같은 것'의 뜻을 나타내고 等等보다 회화적인 표현이다.

衣服，文件，材料什么的。　　의복, 서류, 자료 등.
Yīfu, wénjiàn, cáiliào shénme de.

写报告，出差什么的，我最近特别忙。　　보고서 쓰기, 출장 가는 등 나는 요즘 너무 바쁘다.
Xiě bàogào, chūchāi shénme de, wǒ zuìjìn tèbié máng.

在上海、东京、首尔什么的，有我们公司分行。
Zài Shànghǎi、Dōngjīng、Shǒu'ěr shénme de, yǒu wǒmen gōngsī fēnháng.
상하이, 도쿄, 서울 등에 우리 회사 지점이 있다.

③ 又~又~

'다시', '또'를 뜻하는 又를 연달아 사용한 又~又~는 '~하기도 하고, ~하기도 하다'라는 뜻을 나타냅니다.

这个又好看又便宜。　　이것은 예쁘고 저렴하다.
Zhè ge yòu hǎokàn yòu piányi.

我现在又忙又累。　　나는 지금 바쁘고 피곤하다.
Wǒ xiànzài yòu máng yòu lèi.

단어

老板 lǎobǎn 몡 사장 | 当 dāng 동 ~이 되다 | 经纪人 jīngjìrén 몡 매니저 | 留言 liúyán 동 말을 나기다 몡 메모
| 吸烟 xīyān 동 담배를 피우다 | 衣服 yīfu 몡 옷 | 文件 wénjiàn 몡 서류 | 材料 cáiliào 몡 자료, 재료 | 报告
bàogào 몡 보고서 | 忙 máng 혱 바쁘다 | 累 lèi 혱 피곤하다, 지치다

🎧 12-04

1

A , B 什么的。 A, B 등등.

衣服,
Yīfu,

文件
wénjiàn

酒,
Jiǔ,

化妆品
huàzhuāngpǐn

什么的。
shénme de.

烟草,
Yāncǎo,

内衣
nèiyī

🎧 12-05

2

太 A 了。 너무 A합니다.

贵
guì

太
Tài

好
hǎo

了。
le.

忙
máng

3

我要又 A 又 B 的。

나는 A하기도 하고 B하기도
한 것을 원해요.

	好 hǎo		美丽 měilì	
我要又 Wǒ yào yòu	贵 guì	又 yòu	好吃 hǎochī	的。 de.
	漂亮 piàoliang		便宜 piányi	

📋 단어

贵 guì 형 귀하다, 비싸다 | 化妆品 huàzhuāngpǐn 명 화장품 | 烟草 yāncǎo 명 담배 | 内衣 nèiyī 명 내의, 속옷
| 美丽 měilì 형 아름답다 | 好吃 hǎochī 형 맛있다 | 漂亮 piàoliang 형 예쁘다

🎧 12-07

1

A) 您需要什么？
Nín xūyào shénme?

B) 我想买商务礼品。
Wǒ xiǎng mǎi shāngwù lǐpǐn.

🎧 12-08

2

A) 我要又便宜又好喝的酒。
Wǒ yào yòu piányi yòu hǎohē de jiǔ.

B) 最近西凤酒和五粮液很受欢迎。
Zuìjìn xīfèngjiǔ hé wǔliángyè hěn shòu huānyíng.

🎧 12-09

3

A) 你要刷卡结算吗？
Nǐ yào shuākǎ jiésuàn ma?

B) 我要刷卡。
Wǒ yào shuākǎ.

🎧 12-10

4

A) 还需要别的吗？
Hái xūyào bié de ma?

B) 这里香奈儿香水也一起结账吧。
Zhèlǐ Xiāngnài'ér xiāngshuǐ yě yìqǐ jiézhàng ba.

단어 结算 jiésuàn 图 결제하다 | 香奈儿 Xiāngnài'ér 명 샤넬

결제 방식 관련 표현

🎧 12-11

付现金	fù xiànjīn	현금을 지불하다
刷卡	shuākǎ	카드로 결제하다
转账	zhuǎnzhàng	계좌 이체하다
扫二维码	sǎo èrwéimǎ	QR코드를 찍다
移动支付	yídòng zhīfù	모바일 결제
支付宝	Zhīfùbǎo	알리페이
微信支付	Wēixìn zhīfù	위챗페이

중국 10대 명주

茅台酒	máotáijiǔ	마오타이지우
五粮液	wǔliángyè	우량예
洋河大曲	yánghédàqǔ	양허따취
泸州老窖	lúzhōulǎojiào	루저우라오지아오
汾酒	fénjiǔ	펀지우
郎酒	lángjiǔ	랑지우
古井贡	gǔjǐnggòng	구징꽁
西凤酒	xīfèngjiǔ	시펑지우
贵州董酒	guìzhōudǒngjiǔ	꾸이저우동지우
剑南春酒	jiànnánchūnjiǔ	지엔난춘지우

1. 녹음을 잘 듣고 내용에 맞는 그림을 고르세요. 🎧 12-12

A

B

C

D

(1) _____ (2) _____ (3) _____ (4) _____

2. 녹음을 잘 듣고 한어병음(P)과 그에 맞는 한자(C)를 쓰세요. 🎧 12-13

(1) P _____   C _____

(2) P _____   C _____

(3) P _____   C _____

(4) P _____   C _____

(5) P _____   C _____

(6) P _____   C _____

3. 서로 어울리는 대화를 연결하세요.

(1) 您需要什么? · · **A** 我用二维码支付。

(2) 还需要别的吗? · · **B** 我想买商务礼品。

(3) 你要刷卡还是扫二维码? · · **C** 这家店里中国白酒，
洋酒什么的都有。

(4) 我要又便宜又好喝的酒。 · · **D** 一瓶香水也一起结账吧。

4. 다음을 중국어로 써 보세요.

(1) 저에게 추천 좀 해주세요.

_____

(2) 저는 싸고 맛있는 술을 원해요.

_____

(3) 더 필요한 게 있나요?

_____

(4) 저는 QR로 결제할게요.

_____

수입 인증 물품 절차 알아보기

　수입하는 물품 중 수입 인증을 받아야 하는 제품(컵, 전기용품 등)을 알아보고, 수입 물품을 선정하는데 참고하세요.

　수입하는 물품에 따라 수입 인증을 받아야 하는 경우가 있습니다. 완구류와 유아용품 등은 검사 품목이고, 식품류는 식약청 안전 검사를 받아야 합니다. 또한 인증 검사 비용도 품목별로 다르기 때문에 수입 업자가 수입하려는 물품의 인증 여부를 정확하게 확인해 보는 것이 가장 좋습니다.

▶ 수입 인증 품목 및 기관

	검역 품목	검역 기관
1	축산물, 동식물 검역	국립수의과학검역원. 국립식물검역원
2	식품, 수산물 검역	지방식품의약품안정청 또는 국립검역소
3	의약품, 의료용구	식품의약품안전처
4	화장품	한국의약품수출입협회

　국가기술표준원 사이트의 '안전기준열람'에서 전기용품, 생활용품에 대한 인증 기준을 확인할 수 있습니다. 이곳에서 자신이 수입하고자 하는 품목을 찾아보고, 검사기관을 확인할 수 있습니다.

정부 기관	홈페이지	품목
국가기술표준원	www.kats.go.kr	전기용품 등

　식품이 아니더라도 컵이나 그릇, 수저와 같이 입에 닿은 모든 품목은 식품 의약 안전처에서 위생 검사를 받아야 하고, 검사를 받기 전에 이런 품목을 수입하려 한다면 '식품 등 수입 판매업'에 대한 영업 신고를 관할 시군구청 위생과에 신청하고, 식품 산업 협회에서 위생 교육을 받아야 합니다.

검사 가능한 기관은 지역별로 많은데, 먼저 식품의약품안전처 사이트에서 확인하고 문의 후 수입하는 것이 좋습니다.

정부 기관	홈페이지	품목
식품의약품안전처	www.mfds.go.kr	컵, 그릇, 수저 등

▶ 수입 통관 시 인증 - 각종 검사 대상 품목

식품의약품안전검사	전기안전인증	자율안전확인	전파인증
-입에 닿는 것	-전기 50v 이상	-로프, 유아용품	-전기와 연관
-음식물 닿는 것	-코드	-안전 제품	
-식품	-USB는 대상 아님	-안전 검사 필요 제품	

수입 통관과 인증은 관련 서식 작성과 복잡한 서류 등 챙겨야 할 것이 한두 가지가 아니기 때문에 개인 무역업자는 제대로 대처하기 어렵다고 느낄 수 있습니다. 이런 경우 관세사의 도움을 받는다면 비용과 시간을 절감할 수 있습니다.

중국 인터넷 무역 용어

필수 비즈니스 무역 용어

중국 인터넷 무역 용어

■ 保存	bǎocún	보존하다
■ 编辑	biānjí	편집
■ 采购	cǎigòu	구매하다
■ 采购助手	cǎigòu zhùshǒu	구매 도우미
■ 仓库	cāngkù	창고
■ 充值	chōngzhí	충전하다
■ 充值金额	chōngzhí jīn'é	충전금액
■ 创建	chuàngjiàn	창립(개업)하다
■ 储蓄卡	chǔxùkǎ	체크카드
■ 代工生产	dàigōng shēngchǎn	공장 대리 생산, OEM
■ 登录	dēnglù	등록하다, 로그인하다
■ 店铺	diànpù	상점, 점포
■ 发布	fābù	등록
■ 发货	fāhuò	상품 배송
■ 付款	fùkuǎn	돈을 지불하다
■ 服务协议	fúwù xiéyì	서비스 계약
■ 个人开店	gèrén kāi diàn	개인계정, 개인판매자
■ 海外	hǎiwài	해외
■ 护照	hùzhào	여권
■ 活动报名	huódòng bàomíng	이벤트 신청

■	获取	huòqǔ	취득하다, 얻다
■	货源	huòyuán	공급처, 매입처
■	激活	jīhuó	활성화(하다)
■	缴纳	jiǎonà	납부하다, 지불하다
■	进行中	jìnxíng zhōng	진행중
■	开店认证	kāi diàn rènzhèng	개설일인증
■	快递	kuàidì	택배
■	累计	lěijì	누계, 누적하다
■	立即	lìjí	즉시, 바로
■	立即认证	lìjí rènzhèng	즉시인증
■	零售	língshòu	소매
■	卖家	màijiā	판매자
■	卖家承担	màijiā chéngdān	판매자부담
■	卖家中心	màijiā zhōngxīn	관리자 메뉴
■	免费注册	miǎnfèi zhùcè	무료 회원가입
■	批发	pīfā	도매
■	批发市场	pīfā shìchǎng	도매시장
■	评价管理	píngjià guǎnlǐ	평가 관리
■	平邮	píngyóu	보통 우편
■	企业开店	qǐyè kāi diàn	기업 판매자, 기업계정

무역 용어

渠道	qúdào	방법, 루트
取消	qǔxiāo	취소(하다)
确定	quèdìng	확정하다
确认	quèrèn	확인하다
确认付款	quèrèn fùkuǎn	확인 지불
上传	shàngchuán	업로드, 불러오기
商家保障	shāngjiā bǎozhàng	판매자 보증
设置	shèzhì	설치하다
设置域名	shèzhì yùmíng	도메인 설정
申诉	shēnsù	이의제기, 컴플레인
实体店	shítǐ diàn	오프라인 매장
手机付款	shǒujī fùkuǎn	휴대폰 결제, 모바일 결제
提交	tíjiāo	제출하다
提现	tíxiàn	현금을 인출하다
添加	tiānjiā	추가(하다)
同意	tóngyì	동의
图片	túpiàn	사진
网上	wǎngshàng	인터넷
网银支付	wǎng yín zhīfù	인터넷 뱅킹
文件夹	wénjiànjiā	폴더, 파일 목록
未通过	wèi tōngguò	심사를 통과하지 못하다

物流工具	wùliú gōngjù	물류 도구
下一步	xiàyībù	다음 단계
下载	xiàzài	다운로드, 내려받기
销售	xiāoshòu	판매하다
选择	xuǎnzé	선택하다
验证	yànzhèng	인증하다
验证码	yànzhèngmǎ	인증번호
已通过	yǐ tōngguò	심사를 통과하다
用户	yònghù	사용자, 가입자, 아이디
邮箱	yóuxiāng	이메일 주소
运费	yùnfèi	운임, 운송료
运营中心	yùnyíng zhōngxīn	영업센터, 운영센터
账房	zhàngfáng	장부담당
账号信息	zhànghào xìnxī	회원정보
账户	zhànghù	계좌, 계정
中心	zhōngxīn	센터
注册	zhùcè	회원 가입
转账	zhuǎnzhàng	이체하다
自己生产	zìjǐ shēngchǎn	자가 생산

무역 용어

필수 비즈니스 무역 용어

무역용어는 현재 실무에서 사용되는 것을 기준으로 하였으며 중문, 국문, 영문순으로 표기하였다.

■ 装船单据 zhuāngchuán dānjù 선적 서류 Shipping Document

무역 거래 시 상용되는 선적에 필요한 서류의 총칭으로 국제무역에서는 이 선적서류의 원본을 매매하는 것에 의해서 상품 거래를 한다. 담보 물건으로써 중요한 의미가 있는 한편 수입 수출을 위한 통관을 할 경우에도 사용된다. 중요한 선적서류에는 선하증권(B/L), 송장(Invoice), 포장명세서(Packing List), 해상보험증권(Marine Insurance Policy)이 있고 보조 서류는 원산지증명서(Certificate of Origin), 영사소장(Consular Invoice), 검사 증명서(inspection Certificate) 등이 있다.

■ 提单 tídān 선하증권 B/L

화주와 선박회사 간의 해상운송계약에 의해 선박회사가 발행하는 유가증권이다. 다시 말하면 선주가 자기 선박에 화주로부터 의뢰받은 운송 화물을 적재 또는 적재를 위해 그 화물을 영수하였음을 증명한다. 그리고 도착항에서 일정한 조건하에 증권의 정당한 소지인에게 그 화물을 인도할 것을 약정하는 유가증권이다.

■ 空运提单 kōngyùn tídān 항공 화물 운송장 AWB

운반수단을 항공으로 이용하여 화물을 운송할 때 발행하는 화물수취증으로 해상운송에서의 선하증권(B/L)에 해당하며 항공 운송장 또는 항공 화물 수취증이라고도 부른다.

■ 保函 bǎohán 화물 선취 보증서 L/G

화물은 도착하였으나 선적 서류가 도착하지 않은 경우 수입상과 개설 은행이 연대 보증한 보증서를 선박회사에 선적 서류 대신 제출하고 화물을 인도받는 보증서이다.

*항해 일수가 짧은 국가로부터 수입할 시 수입화물보다 선적 서류가 늦게 도착할 때에 납기 증의 사항으로 수입화물의 긴급 인수를 필요로 하거나 보관료 등의 비용 절감을 위하여 활용되고 있다.

■ 商业发票　shāngyè fāpiào　상업 송장　C/I

수출자가 수입자에게 거래 물품의 주요 사항을 상세히 명기한 것으로 수출자 대금 청구서로의 역할을 하고 수입자에게 매입 명세서의 역할을 하여 수입 신고 시 과세 가격의 증명 자료가 된다.

■ 装箱单　zhuāngxiāngdān　포장 명세서　P/L

포장에 관한 상항을 상세히 기록한 서류를 말한다. 화물의 포장 및 수량과 단위별 순중량, 총중량, 그리고 화인 및 포장의 일련번호 등을 기재하는 것으로 패킹리스트라고 한다. 수출이나 수입의 통관 상의 편의를 위하여 구매자에게 발행하는 명세서로서 송장을 보충하는 역할을 한다.

■ 保险单　bǎoxiǎndān　보험 증권　I/P

운송에 부수해서 발생하는 각종의 위험에 의해 화물 및 기타의 재산이 손해를 입은 경우를 대비하여 보험에 가입한 경우, 보험 계약의 성립과 그 내용을 증명하기 위하여 보험회사가 작성하여 기명날인한 후 보험 계약자에게 교부하는 증권으로서 계약 확인의 증거가 된다. 계약서는 유가증권이 아닌 단순한 증거증권인데 통상 배서 내지 인도에 의하여 양도된다.

■ 原产地证明书　yuánchǎndì zhèngmíngshū　원산지 증명서　C/O

화환어음 부대 서류로서 수출 물품의 원산지를 증명하는 국적 확인서의 성격을 가진 통관에 필요한 서류이다. 적성국의 생산물 인가를 판별할 목적으로 이용되기도 하고 수입상품에 관세를 부과할 경우 양허세율이나 국정 세율을 적용할 때의 기준으로 이용되는 객관적인 서류이다.

■ 检验证书　jiǎnyàn zhèngshū　검사 증명서　I/C

수입자가 확실한 품질의 상품을 수입하고자 할 때 요구하는 서류이다. 수출품의 품질, 포장, 재료 등을 대하여 수입자가 지정한 검사기관 또는 전문 검사기관이 검사하여 상품이 완전한 것임을 증명하기 위해 검사기관이 발행하는 증명서이다.

■ 电放提单 diànfàng tídān 권리 포기 선하증권 Surrender B/L

화물의 도착지에서 선하증권 원본의 제시 없이 전송(Fax)받은 사본으로 화물을 인수할 수 있도록 발행된 선하증권으로, 단지 선하증권(B/L)에 Surrender 스탬프를 찍어 선하증권(B/L) 상의 매도인이 권리를 행사할 수 있는 비 유통성 물품 인수증을 말한다.

*Surrender, Surrendered, Telex release와 같이 사용되는 용어입니다.

■ 交换提单 jiāohuàn tídān 스위치 선하증권 Switch B/L

중계무역에 주로 사용되는 선하증권(B/L)으로서 중개업자가 원수출자를 노출시키지 않기 위하여 원수출자가 발급한 선하증권을 회수하고 중개업자가 속한 지역의 선사, 포워더가 다시 발급한 선하증권(B/L)을 말한다.

■ 货运代理 | 货代 huòyùn dàilǐ | huòdài 포워더, 포워딩 업체 Forwarder

일반적으로 운송수단을 직접 소유하지 않은 채 운송을 위탁한 고객의 화물을 인수하여 수하인에게 인도할 때까지의 집하, 입출고, 선적, 운송, 보험, 보관, 배달 등 일체의 업무를 주선 또는 수행하거나 복합 운송 체제하에 스스로 운송 계약의 주체자가 되어 복합 운송인으로서 복합 운송 증권을 발행하여 전 구간의 운송 책임을 부담하는 운송 주선인을 말한다.

■ 航运公司 hángyùn gōngsī 해운회사, 선사 Shipping Company

자체 선박을 가지고 있거나 제휴 선사와 공동 배선을 통하여 운송을 서비스하는 실질적인 운송인을 말한다. 즉, 선박을 이용하여 운송 서비스를 제공하고 이에 대한 보수로서 운임을 취득하는 것을 업으로 하는 운송인을 말한다.

■ 整箱货 zhěngxiānghuò 만재 화물 FCL Cargo

컨테이너 한 대를 채우기에 충분한 양의 화물을 말한다.

■ 拼箱货 pīnxiānghuò 소량 화물 LCL Cargo

컨테이너 한 대에 가득차지 않는 소량 화물을 말하며, FCL과 반대되는 개념이다.

■ 共载 gòngzǎi 공동 컨테이너 화물 CO-Loading

포워더가 자체적으로 집하한 소량 화물이 만재 화물로 혼재되기에 부족한 경우 동일 목적지의 소량 화물을 보유하고 있는 타 포워더에게 공동 혼재를 의뢰하여 화물을 신속하고 경제적으로 수송하는 방법을 말한다.

■ 混载货物 hùnzài huòwù 혼재 작업 Consol

컨테이너 한 대를 채우지 못하는 소량 화물을 모아서 한 개의 컨테이너를 구성하는 작업을 말한다.

■ 码头外集装箱堆场 mǎtóu wài jízhuāngxiāng 부두 외곽 컨테이너 장치장 ODCY

컨테이너 장치장으로서 부두에서 떨어진 곳에 위치한 장치장을 말한다.

■ 集装箱内陆货站 jízhuāngxiāng nèilù huòzhàn 컨테이너 내륙 화물 터미널 ICD

내륙 컨테이너 기지로서 컨테이너 집하, 통관 수속등의 업무를 처리할 수 있는 곳을 말한다.

■ 集装箱堆场 jízhuāngxiāng duīchǎng 컨테이너 야드 CY

컨테이너를 인수, 인도하고 보관하는 장소를 말한다.

■ 集装箱货运站 jízhuāng xiānghuò yùnzhàn 컨테이너 화물 집하장 CFS

복수의 화주로부터 수출 화물을 인수해서 컨테이너에 적재하는 작업을 하거나 수입 화물을 하역하는 장소를 말한다.

■ CFS 费用　CFS fèiyòng　CFS 작업료　CFS Charge

소량 화물을 운송하는 경우 선적지 및 도착지의 화물 집합소(CFS)에서 화물의 혼적 또는 분류 작업을 하게 되는데, 이때 발생하는 비용을 말한다.

■ 计费重量　jìfèi zhòngliàng　운임 산출 중량(항공)　C/W

운임 계산의 기준이 되는 중량을 말한다. 통상, 화물의 실제 중량과 용적 중량($6,000cm^2 = 1kg$) 중 무거운 쪽이 운임 산출 중량으로 계산된다.

■ 运费吨　yùnfèidūn　운임톤(해상)　R/T

선박 회사의 해상 운임 청구 기준이 되는 톤을 말하며 중량과 용적 중 높은 운임을 산출해 낼 수 있는 쪽을 택하여 표시한다.

■ 提货单　tíhuòdān　화물 인도 지시서　D/O

선박 회사 또는 그 대리인이 화물의 인도를 지시하기 위하여 본선의 선장 앞으로 발행하는 서류를 말한다. 컨테이너의 경우 선사가 화물 보관인 CFS, CY 운영업체에 D/O 지참인에게 화물을 인도하는 것을 지시한다.

■ 单证费　dānzhèngfèi　서류 발급비　D/F

선적 서류 작성에 따른 비용을 말하며 선사나 포워더에서 선화증권(B/L) 및 화물 인도 지시서(D/O)를 발급할 때 징수하는 비용을 말한다.

■ 码头操作费　mǎtóu cāozuòfèi　터미널 화물 처리비　THC

화물이 입고된 순간부터 본선의 선측에 도착할 때까지, 또는 본선의 선측에서 컨테이너 집하장(CY) 통과하기 전까지의 컨테이너 화물 취급비용을 말한다.
- 起运港码头操作费: OTH(Terminal Handling Charge at Origin)
- 目的地码头交接货费: DTH(Terminal Handling Charge at Destination)

■ 码头搬运费 mǎtou bānyùnfèi 부두 사용료 W/F

화물 적·양화를 위한 부두 사용료로 항만법의 하위법령인 [무역항의 항만시설 사용 및 사용료에 관한 규정]에 따라 부두를 거쳐가는 모든 화물에 징수하는 요금을 말한다.

■ 集装箱税 jízhuāngxiāng shuì 컨테이너세 Container Tax

부산시가 컨테이너 배후도로 건설을 위해 지방세법 개정을 통해 한시적 부가하는 목적세를 말한다.

*(2006.12 폐지)

■ 燃油附加费 rányóu fùjiāfèi 유가 할증료 BAF

선박의 주원료인 벙커유의 가격 변동에 따른 손실을 보전하기 위해 부과하는 요금을 말한다.

*FAF와 동일한 개념

■ 燃料附加费 ránliào fùjiāfèi 유가 할증료 FAF

기존 동남아로 수출되는 화물에 부과되던 CRS 대신에 새롭게 부과하는 요금을 말한다.(잠정: 일본)

*BAF와 동일한 개념
*CRS: 낮은 해상 운임과 컨테이너 수급 불균형으로 일부 선사에서 동남아발 한국 행 수입 화물에 대해 부과하는 비용을 말한다.

■ 紧急燃油附加费 jǐnjí rányóu fùjiāfèi 긴급 유류 할증료 EBS

전쟁이나 분쟁, 산유국의 담합 등으로 예기치 못한 상황으로 유가가 급격히 상승할 때 발생하는 할증료를 말한다.(잠정: 호주)

■ 燃料附加费 ránliào fùjiāfèi 유류 할증료(항공) FSC

항공사가 유가 상승에 따른 비용을 보전하기 위하여 운임에 부과하는 할증료를 말한다. 항공사마다 규정이 다르고 LATA Area 별로 지정된다.

■ **货币贬值附加费** huòbì biǎnzhí fùjiāfèi 통화 할증료 CAF

운임은 보통 미국 달러로 계산되는데, 여기서 발생하는 환율 변동에 따른 손실을 보전하기 위해 도입된 할증료를 말한다.

*선사의 손실보전을 위한 요금.

■ **安全附加费** ānquán fùjiāfèi 보안 할증료 SSC

9.11테러 이후 항공 보안 조치 강화에 따라 추가로 발생한 항공 보안 비용을 보전하기 위해 부과하는 할증료를 말한다.

■ **自动舱单系统** zìdòng cāngdān xìtǒng 미 관세청의 적하 목록 시스템 AMS

미국 입항 화물을 사전에 전자 문서로 미 세관(CBP)에 신고하는 제도를 말한다.

*신속한 통관을 돕는 취지에서 출발했지만 최근 테러방지 목적으로 사전에 화물을 검사하는 기능이 강화되었음.

■ **旺季附加费** wàngjì fùjiāfèi 성수기 할증료 PSS

성수기 물량 증가로 컨테이너 수급 불균형 및 항만의 혼잡 심화에 따른 비용 상승에 대한 할증료를 말한다.

■ **战争附加费** zhànzhēng fùjiāfèi 전쟁 할증료 WRS

선사가 전쟁 위험 지역이나 전쟁 지역에서 싣고 내리는 화물에 대해 부과하는 할증료를 말한다.

■ **集装箱清洗费** jízhuāngxiāng qīngxǐfèi 컨테이너 청소료(해상) CCF

화물의 특성에 따라 적입 전 또는 후에 컨테이너의 청소를 요구하게 되는 경우 부과하는 비용을 말한다.

■ 超重附加费　chāozhòng fùjiāfèi　중량 초과 할증료　WCS

화물의 중량이 일정 기준을 초과할 때에 부과되는 할증료를 말한다.

*선사 별 상이하여 선사들의 추가 운임 수익을 제고하기 위한 비용 항목임.

■ 港口拥挤附加费　gǎngkǒu yōngjǐ fùjiāfèi　선반 혼잡 할증료　PCS

선박 혼잡으로 인해 선박이 채선 발생 시 선사의 비용 손실에 대한 부담을 선박 회사나 정기선 운임 동맹이 화주에게 부과하는 비용을 말한다.

■ 免费期　miǎnfèi qī　무료 장치 기간　Free Time

본선에서 양하된 화물을 컨테이너 화물 집하장이나 컨테이너 야드에서 보관료 없이 장치할 수 있는 일정한 허용 기간을 말한다. 참고로 각 해운 동맹들은 각 양하지의 터미널 상황을 고려하여 허용 기간을 책정하고 있다.

■ 滞期费　zhìqīfèi　컨테이너 반출 지체료　Demurrage Charge

화주가 허용 기간(Free Time)을 초과하여 컨테이너를 컨테이너 야드로 반출하지 않을 경우 선사에서 화주에게 부과하는 비용을 말한다.

■ 超期堆存费　chāoqī duīcúnfèi　경과 보관료　Over Storage Charge

화물을 무료 기간(Free Time) 내에 반출해 가지 않을 경우 징수하는 보관료를 말한다. 무료 기간 종료 후 일정 기간이 지나도 인수해 가지 않으면 선사는 공매로 처리할 권리를 가지며 창고료, 부대 비용 등을 화주로부터 징수한다.

■ 滞留费　zhìliúfèi　컨테이너 반납 지체료　Detention Charge

컨테이너 야드에 장치된 선사 소유의 컨테이너에 대해서 지정된 기간 이내에 반납하지 못할 경우 발생한 비용을 말한다.

■ **电子数据交换收费** diànzǐ shùjù jiāohuàn D/O 전송료 EDI Charge

수입화물의 효율적인 반출을 위해 도입된 D/O 전산화 이후 포워더가 화주들을 대리하여 보세장치장에 D/O을 전송할 경우 발생하는 EDI 사용료를 말한다. (항공)

■ **装卸费** zhuāngxièfèi 취급 수수료 H/C

포워더가 수입자에게 수입 화물에 대해서 받는 취급 수수료를 말한다.

■ **支撑·捆扎和固定** zhīchēng·kǔnzā hé gùdìng 컨테이너 고정작업 Shoring & Lashing

Shoring은 컨테이너 내부 화물이 움직이지 않게 고정하는 작업을 말하며 Lashing은 선박 내 컨테이너 또는 화물이 움직이지 않게 고정하는 작업을 말한다.

■ **支护装药** zhīhù zhuāngyào 화물 고정 구획 비용 Shoring Charge

컨테이너 고정작업에 소요되는 로프, 강선, 목재 등의 비품 및 고정할 때 발생하는 비용을 말한다.

■ **捆绑装药** kǔnbǎng zhuāngyào 화물 위치 고정 비용 Lashing Charge

컨테이너 내 화물의 고정작업에 소요되는 로프, 와이어, 체인, 대척 등의 비품 및 고정할 때 발생하는 비용을 말한다.

■ **拖运费** tuōyùnfèi 컨테이너 내륙 운송비 Drayage Charge

소량 화물을 컨테이너에서 분류, 보관하기 위해 부두 또는 지정된 컨테이너 화물 집하장(CFS)까지 운송하는 구간 운송 비용을 말한다.

*이송 비용은 화주의 화물 용적 또는 중량에 따라 나눠서 청구되며, 인천항에서만 발생되는 항목임.

■ 港口维护费　gǎngkǒu wéihùfèi　항만 유지비　HMF

수입품이 미국의 항만을 이용하여 미국 내로 수입될 때 부과되는 항만 사용료를 말한다. 반입 승인, 내륙 운송 승인 등의 수수료를 징수하며 수입 화물 가격의 0.125%가 부과된다.

*해상(OCEAN)만 한하여 적용함.

■ 货物处理费　huòwù chǔlǐfèi　물품 처리 수수료　MPF

미국은 수입 물품 통관 시 물품 처리 수수료를 부과하는데 이는 물품의 원산지에 따라 차별적으로 부여하고 있어 예외국이 아닌 경우 비관세 장벽으로 구분된다.

*NAFTA 회원국, 이스라엘, 최빈국, 캐리비언 경제개발국 등은 제외됨.

■ 阿拉米达附加费　Ālāmǐdá fùjiāfèi　ACC 경유비용　ACC

미국 캘리포니아 주 앨러미다(Alameda) 개통과 관련해 건설비용의 일부를 사용자가 부담해야 하기 때문에 앨러미다(Alameda) 경유 여부와 관계없이 LA항과 롱비치항을 거치는 화물에 대한 ACC를 부과한다.

*Alameda Corridor: LA롱비치항과 LA동부 철도 터미널을 연결하는 화물 전용 철도루트.

정답
해석

정답 해석

01 소개하기

회화 1

A 실례지만, 당신 존함이 어떻게 되나요?

B 제 성은 리우이고, 이름은 이페이예요. 당신은 성함이 어떻게 되나요?

A 저는 이 보문이에요.

회화 2

A 저는 이 보문이에요. 제가 소개 좀 할게요. 이분은 저희 회사의 김 총괄 매니저예요. 이분은 중국에서 오신 유 총괄 매니저이고, 중요한 고객이에요.

B 안녕하세요! 제 소개 좀 할게요! 저는 성은 왕이고, 이름은 민이라고 해요.

C 왕 매니저님, 한국에 오신 걸 환영해요.

B 만나서 반가워요!

C 저도 만나서 반가워요!

A 당신은 생산부의 박 부장을 만난 적이 있나요?

B 아니요, 당신이 저에게 소개 좀 해주세요.

패턴 익히기

① 당신의 이름은 무엇입니까?

그의 이름은 무엇입니까?

그녀의 이름은 무엇입니까?

② 저는 성은 왕씨이고, 이름은 린이라고 불립니다.

저는 성은 우씨이고, 이름은 시라고 불립니다.

저는 리씨이고, 이름은 징징이라고 불립니다.

저는 리우씨이고, 이름은 지엔이라고 불립니다.

③ 제가 소개하겠습니다,
이분은 저희 회사의 왕매니저입니다.

제가 소개하겠습니다,
이분은 저희 회사의 고객입니다.

제가 소개하겠습니다,
이분은 저희 업무 협력자입니다.

실전 대화 연습

① A 실례지만, 당신 존함이 어떻게 되나요?

B 제 성은 이씨이고, 이름은 보문이에요.

② A 당신의 이름은 무엇인가요?

B 제 이름은 김 승민이에요.

③ A 실례지만, 당신을 어떻게 불러야 하나요?

B 제 성은 김씨이고, 김 군이라고 부르시면 돼요.

④ A 오랜만이에요.

B 오랜만이에요, 요즘 어떠세요?

연습 문제

1. (1) D   (2) C   (3) A   (4) B

> (1) 请问，您贵姓?
> (2) 王总，欢迎来到韩国。
> (3) 这位是我们公司的总经理。
> (4) 认识你我也很高兴!

2. (1) P guìxìng   C 贵姓
   (2) P kèhù   C 客户
   (3) P jièshào   C 介绍
   (4) P chēnghu   C 称呼
   (5) P zǒngjīnglǐ   C 总经理
   (6) P shēngchǎn bù   C 生产部

3. (1) B   (2) D   (3) C   (4) A

4. (1) 请问，您贵姓?
   (2) 我来介绍一下。
   (3) 这位是我们公司的重要客户。
   (4) 他是生产部的部长。

02 명함 교환하기

회화 1

A 저희 명함 교환하시죠! 이건 제 명함이에요.

B 감사합니다! 이건 제 명함이에요.

C 죄송한데, 저는 지금 명함이 없어요.

💬 회화 2

A 저희 명함 교환하시죠! 이건 제 명함이에요.

B 감사합니다! 죄송한데, 제가 명함을 가지고 있지 않아요.

A 괜찮습니다. 만약 괜찮으시면, 저에게 연락처를 남겨 주실 수 있으신가요?

B 당연하죠, 이건 제 휴대폰 번호와 이메일 주소예요.

A 감사합니다, 당신을 만나게 되어 반가워요. 만약 저의 도움이 필요하시면, 언제든 저에게 연락주세요.

B 네. 이후에 저희 연락하고 지내요.

📋 패턴 익히기

1 이것은 저의 명함입니다.

이것은 저의 전화번호입니다.

이것은 저의 이메일 주소입니다.

이것은 저의 휴대폰 번호입니다.

2 저는 명함을 가지고 있지 않습니다.

저는 휴대폰을 가지고 있지 않습니다.

저는 여권을 가지고 있지 않습니다.

저는 현금을 가지고 있지 않습니다.

3 전화번호를 저에게 남겨 주실 수 있으십니까?

주소를 저에게 남겨 주실 수 있으십니까?

문자 메세지를 저에게 남겨 주실 수 있으십니까?

👥 실전 대화 연습

1 A 저희 명함 교환하시죠! 이건 제 명함이에요.

B 감사합니다! 이건 제 명함이에요.

2 A 저희 명함 교환하시죠! 이건 제 명함이에요.

B 감사합니다! 죄송한데, 제가 명함을 가지고 있지 않아요.

3 A 저에게 연락처를 남겨 주실 수 있으신가요?

B 당연하죠, 이건 제 휴대폰 번호예요.

4 A 이후에 저희 연락하고 지내요.

B 당연하죠. 이후에 꼭 지도 부탁드려요.

✎ 연습 문제

1. (1) D (2) B (3) C (4) A

(1) 这是我的名片。
(2) 很抱歉，我没带名片。
(3) 这是我的邮箱地址。
(4) 以后我们保持联系。

2. (1) P míngpiàn   C 名片
   (2) P dāngrán   C 当然
   (3) P jiāohuàn   C 交换
   (4) P bàoqiàn   C 抱歉
   (5) P liánxì   C 联系
   (6) P suíshí   C 随时

3. (1) D (2) A (3) B (4) C

4. (1) 我们交换一下名片吧!
   (2) 很抱歉，我没带名片。
   (3) 这是我的手机号码。
   (4) 以后我们保持联系。

03 회식 하기

💬 회화 1

A 우리 언제 회식하는 게 좋을까요?

B 이번 주 금요일 저녁 치킨 가게에서 회식하는 거, 어때요?

A 좋아요, 우리 금요일 치킨 가게에서 회식해요.

💬 회화 2

A 이번 달에 우리 부서가 매출 목표를 달성했어요.

B 모두들 축하해요. 이번 주에 회식해요!

A 이번 회식에 다들 무슨 음식이 먹고 싶어요?

B 우리 마라탕 먹는 거, 어때요?

A 나도 마침 마라탕 먹고 싶었는데, 언제 회식할까요?

B 이번주 금요일 어때요?

A 좋아요. 그럼 제가 회사 앞 마라탕 가게 예약할게요. 모두 4명이고, 금요일 저녁으로 예약했어요.

B 고마워요. 빨리 금요일이 오면 좋겠네요.

정답 해석

📋 패턴 익히기

1 우리는 언제 집에 돌아갑니까?

우리는 언제 다시 만납니까?

우리는 언제 끝날 수 있습니까?

2 저는 마침 마라탕이 먹고 싶어요.

저는 마침 훠궈가 먹고 싶어요.

저는 마침 중국 음식이 먹고 싶어요.

3 우리 밥 먹는 게, 어떨까요?

우리 같이 가는 게, 어떨까요?

우리 운동하는 게, 어떨까요?

👥 실전 대화 연습

1 A 이번 달에 우리 부서가 매출 목표를 달성했어요.

B 모두들 축하해요. 이번 주에 회식해요.

2 A 중국 고객은 언제 식당에 도착하나요?

B 그들은 이미 도착했어요.

3 A 우리 언제 회식할까요?

B 저는 목요일이 좋다고 생각해요.

4 A 당신은 왜 한국 음식을 좋아해요?

B 저는 한국 요리가 건강에 유익하다고 생각해요.

✏️ 연습 문제

1. (1) D (2) A (3) C (4) B

> (1) 我们部门达成了销售目标。
> (2) 预约了星期四晚上。
> (3) 我正想吃麻辣烫。
> (4) 我觉得韩国料理有益于健康。

2. (1) P jùcān   C 聚餐
   (2) P dáchéng   C 达成
   (3) P xiāoshòu   C 销售
   (4) P gōngxǐ   C 恭喜
   (5) P cāntīng   C 餐厅
   (6) P yùyuē   C 预约

3. (1) A (2) D (3) B (4) C

4. (1) 这次聚餐大家都想吃什么菜?
   (2) 我正想吃麻辣烫呢。
   (3) 我们什么时候聚餐?
   (4) 我觉得星期三好。

04 회사 소개

💬 회화 1

A 실례지만, 귀사의 기본적인 상황을 간단히 설명해 주세요.

B 저희 회사는 상하이에 위치해 있고, 휴대폰 부품을 판매합니다.

A 당신 회사는 한국에 지점이 있나요?

B 네, 한국 화성에 지점이 있습니다.

💬 회화 2

A 당신은 무슨 일을 하시나요?

B 저는 무역 회사 직원이에요.

A 당신 회사는 어떤 회사인가요?

B 저희 회사는 주식회사이고, 상하이에 있어요.

A 당신 회사는 큰가요?

B 저희 회사는 비교적 커요. 천 명의 직원이 있어요.

A 저희 회사는 당신 회사보다 커요.

B 우리 서로 도와, 함께 발전해요.

📋 패턴 익히기

1 당신은 무슨 일을 합니까?

그는 무슨 일을 합니까?

당신 아버지는 무슨 일을 합니까?

2 당신의 회사는 큽니까?

당신의 회사는 멉니까?

당신의 회사는 가깝습니까?

3 중국은 한국보다 큽니다.

이 방은 저 방보다 큽니다.

남동생의 신발은 형의 신발보다 큽니다.

🗣️ 실전 대화 연습

① A 당신은 무슨 일 하시나요?

　　B 저는 무역 회사 직원이에요.

② A 당신은 어디에서 일하시나요?

　　B 저는 중국 상하이에서 일하고 있어요.

③ A 당신의 직책은 무엇인가요?

　　B 저는 재료부의 매니저예요.

④ A 당신의 회사는 어떤 회사인가요?

　　B 저의 회사는 중국 국영 기업이에요.

✍️ 연습 문제

1. (1) C　(2) A　(3) D　(4) B

> (1) 我在贸易公司工作。
> (2) 我们公司的员工很多。
> (3) 我们公司比较大。
> (4) 请您介绍一下公司的基本情况。

2. (1) P máfan　　　　　C 麻烦
   (2) P qíngkuàng　　　C 情况
   (3) P jīngyíng　　　　C 经营
   (4) P pèijiàn　　　　C 配件
   (5) P zhíyuán　　　　C 职员
   (6) P fēngōngsī　　　C 分公司

3. (1) C　(2) A　(3) D　(4) B

4. (1) 你做什么工作?
   (2) 我在韩国工作。
   (3) 我们公司比你们公司大。
   (4) 咱们互相帮助，共同发展。

---

05 약속 잡기

💬 회화 1

A 회사 창립 기념일은 몇 월 며칠인가요?

B 창립 기념일은 8월 8일이고, 수요일이에요.

A 그날은 쉬는 날인가요?

B 창립 기념일은 쉬어요.

💬 회화 2

A 김 매니저, 다음주 목요일에 당신 회사에 가려고 하는데, 시간 있으신가요?

B 정말 죄송하지만, 저는 다음주 월요일에 출장 가요.

A 그럼, 언제 돌아오나요?

B 다음주 금요일에 돌아와요.

A 금요일 몇 시에 만날까요?

B 제가 2시에는 회의가 있고, 3시는 괜찮아요.

A 좋아요, 그럼, 다음 주 금요일 3시에 봅시다.

B 감사합니다, 안녕히 계세요.

📋 패턴 익히기

① 오늘은 몇 월 며칠입니까?

　　당신의 생일은 몇 월 며칠입니까?

　　이번 주 금요일은 몇 월 며칠입니까?

② 저는 내일 출장 갑니다.

　　저는 내년 1월에 출장 갑니다.

　　저는 다음 달에 출장 갑니다.

③ 그럼 다음 주 금요일 저녁 10시 반에 만납시다.

　　그럼 다음 주 금요일 오후 4시 45분에 만납시다.

　　그럼 다음 주 금요일 오후 2시 45분에 만납시다.

🗣️ 실전 대화 연습

① A 올해가 몇 년도인가요?

　　B 올해는 2021년이에요.

② A 오늘은 몇 월 며칠인가요?

　　B 오늘은 10월 10일이에요.

③ A 내일 당신 시간 있나요?

　　B 죄송하지만, 저는 내일 출장 가요.

④ A 내일 몇 시에 어디서 회의하나요?

　　B 내일 오후 2시 제1회의실에서 회의해요.

🖈 연습 문제

1. (1) D   (2) B   (3) A   (4) C

> (1) 今天是八月八号。
> (2) 今年是二零二零年。
> (3) 我们晚上八点见面。
> (4) 我今天晚上十点回家。

2. (1) P chuànglì   C 创立
   (2) P xiūxi   C 休息
   (3) P tíngyè   C 停业
   (4) P chūchāi   C 出差
   (5) P jǐdiǎn   C 几点
   (6) P méishì   C 没事

3. (1) D   (2) C   (3) A   (4) B

4. (1) 今年是几几年?
   (2) 今天是六月二十号，星期四。
   (3) 我下周四去出差。
   (4) 星期六下午两点见。

---

06 장소, 위치 묻기

💬 회화 1

A 실례지만, 국제 무역 빌딩은 어디 있나요?

B 국제 무역 빌딩은 지하철역 앞에 있어요.

A 거기까지 걸어서 얼마나 걸리나요?

B 대략 10분 정도 걸으면 도착해요.

💬 회화 2

A 실례지만, 영업부는 어디 있나요?

B 영업부는 3층에 있으니, 엘리베이터를 타고 올라 가세요.

A 저는 영업부의 이 보문 부장을 만나고 싶은데요.
   실례지만, 그는 어디 있나요?

C 그는 지금 회의 중이에요.
   저쪽에서 잠시 기다려 주세요.

A 네, 감사합니다.

📋 패턴 익히기

① 실례지만, 정거장은 어디에 있나요?

  실례지만, 인사부는 어디에 있나요?

  실례지만, 회의실은 어디에 있나요?

② 사무실은 1층 오른쪽에 있습니다.

  회의실은 2층 왼쪽에 있습니다.

  매니저의 사무실은 앞쪽에 있습니다.

③ 그는 지금 영화를 보는 중입니다.

  그는 지금 중국 출장 중입니다.

  그는 지금 신상품을 디자인 중입니다.

👥 실전 대화 연습

① A 실례지만, 국제 무역 빌딩은 어디 있나요?

  B 국제 무역 빌딩은 지하철역 앞쪽에 있어요.

② A 화장실은 어디 있나요?

  B 화장실은 2층 창문 오른쪽에 있어요.

③ A 실례지만, 스타벅스는 어디 있나요?

  B 앞으로 50미터 가면, 바로 오른쪽에 있어요.

④ A 수도 국제 공항은 어떻게 가나요?

  B 당신은 저기 정류장에서 공항 버스를 타세요.

🖈 연습 문제

1. (1) C   (2) A   (3) D   (4) B

> (1) 洗手间在二层右边。
> (2) 请在那边稍等一会儿。
> (3) 他在窗户前边。
> (4) 人事部在四楼。

2. (1) P qiánmian   C 前面
   (2) P dàshà   C 大厦
   (3) P jǐ lóu   C 几楼
   (4) P diàntī   C 电梯
   (5) P shāo   C 稍
   (6) P guójì   C 国际

3. (1) C　(2) D　(3) A　(4) B

4. (1) 人事部在三楼。
　(2) 营销部在左边。
　(3) 国际贸易大厦在地铁站前面。
　(4) 请在那边稍等一儿。

07 나이 묻기

💬 회화 1

A　김 팀장님 올해 나이가 어떻게 되세요?

B　저는 올해 39살이에요, 당연히 저보다 (나이가) 많죠?

A　하하, 제가 당신보다 2살 많아요.

B　동생처럼 잘 부탁드려요.

💬 회화 2

A　왕 매니저님, 영업부 왕 팀장님이 올해 나이가 어떻게 되나요?

B　그는 올해 41살이에요.

A　그는 무슨 띠인가요?

B　원숭이띠예요.

A　당신은 구매부 김 부장이 무슨 띠인지 아시나요?

B　김 부장은 37살이고, 돼지띠예요. 당신과 같죠?

A　네, 김 부장과 저는 동갑이에요.

B　그럼 당신들은 친구네요. 잘 지내보세요.

A　네, 돼지띠 두 사람이 서로 협력하면, 부자가 될 거예요.

📋 패턴 익히기

① 저는 당신보다 2살 많습니다.

　저는 당신보다 5살 많습니다.

　저는 당신보다 9살 많습니다.

② 그는 용띠입니다.

　그는 양띠입니다.

　그는 토끼띠입니다.

③ 그는 어떻게 왔습니까?

　그는 어디서 차를 탔습니까?

　그는 언제 알게 되었습니까?

👥 실전 대화 연습

① A　왕 부장은 올해 나이가 어떻게 되나요?

　B　왕 부장은 올해 35살이에요.

② A　당신은 무슨 띠인가요?

　B　저는 소띠예요.

③ A　그는 그녀보다 (나이가) 많죠?

　B　그는 그녀보다 5살 많아요.

④ A　당신은 이 대리보다 (나이가) 많아요?

　B　네, 저는 이 대리보다 2살 많아요.

✏️ 연습 문제

1. (1) D　(2) B　(3) A　(4) C

(1) 我属猪。
(2) 今年三十岁，属猴。
(3) 他和我同岁呢。
(4) 请像弟弟一样多多关照。

2. (1) P duōdà　　　C 多大
　(2) P tóngsuì　　C 同岁
　(3) P shǔ　　　　C 属
　(4) P zhīdào　　 C 知道
　(5) P xiāngchǔ　 C 相处
　(6) P fùwēng　　 C 富翁

3. (1) C　(2) D　(3) A　(4) B

4. (1) 李代理今年多大年纪了?
　(2) 你属羊吗?
　(3) 我比李代理大两岁。
　(4) 金部长和我同岁呢。

정답 해석

08 회의 하기

💬 회화 1

A 내일 언제 신제품 회의를 하나요?

B 내일 3시에 신제품 회의가 있어요. 총괄 매니저님도 참석하실 수 있나요?

A 내일 중국 고객과 약속이 있어요. 내일 회의 시간을 4시로 변경해 주세요.

B 네. 내일 회의 시간 변경됐습니다.

💬 회화 2

A 왕 매니저, 당신은 오늘 외근이지요? 언제 돌아올 수 있나요?

B 대략 오후 3시 쯤 돌아와요.

A 당신 오늘 오후에 중국 고객과 만나는 거 알고 있어요?

B 알고 있어요. 그들은 언제 오나요?

A 그들은 오후 2시에 저희 회사에 도착한다고 해요.

B 길이 막혀서, 회의 시간에 늦을 것 같아요.
회의 시간을 변경하거나 화상 회의가 가능한지 알아 봐주세요.

A 네. 제가 물어보고 다시 연락할게요.

📋 패턴 익히기

① 우리는 몇 시에 회의하나요?

우리는 언제 회의하나요?

우리는 어디에서 회의하나요?

② 언제 출발할 수 있어요?

언제 귀가할 수 있어요?

언제 만날 수 있어요?

③ 제가 회사 상황을 좀 알아보겠습니다.

제가 경찰서에 가는 길을 좀 알아보겠습니다.

제가 소식을 좀 알아보겠습니다.

🗣️ 실전 대화 연습

① A 중국 고객은 언제 오나요?

B 그들은 오후 2시에 우리 회사에 도착한다고 해요.

② A 저희 오늘 오후 회의 시간을 변경하는 게 어때요?

B 네, 내일 3시로 변경해 주세요.

③ A 왕 부장님은 회의에 참석하실 수 있나요?

B 왕 부장님은 오후에 틈이 없어 갈 수 없어요.

④ A 오늘 회의에 통역 필요하나요?

B 오늘 회의에 중국어 통역 필요해요.

✏️ 연습 문제

1. (1) B   (2) A   (3) D   (4) C

> (1) 我们下午三点见中国客户。
> (2) 您今天跑外勤吧?
> (3) 因为路上堵车，怕是会议时间上赶不上了。
> (4) 我们召开视频会议。

2. (1) P xīnchǎnpǐn   C 新产品
   (2) P cānjiā   C 参加
   (3) P kèhù   C 客户
   (4) P biàngēng   C 变更
   (5) P dǔchē   C 堵车
   (6) P chídào   C 迟到

3. (1) B   (2) C   (3) D   (4) A

4. (1) 请把明天的会议时间改到四点。
   (2) 李代理，什么时候能回来?
   (3) 韩国客户上午十点到我们公司。
   (4) 大概下午四点左右回来。

09 은행 업무 보기

💬 회화 1

A 저는 회사 은행 계좌를 개설하고 싶어요.

B 만약 회사 은행 계좌를 개설하려면, 회사 도장, 사업자 등록증, 법인 대표 신분증을 준비해 주세요.

💬 회화 2

A 안녕하세요, 저 은행 계좌를 개설하고 싶어요.

B 이 표를 먼저 작성하시고, 저에게 신분증을 주세요.

A 네, 여기 신분증이요.

B 비밀번호를 입력해 주세요. 얼마를 입금하시나요?

A 5,000위안이요.

B 오늘부터 은행 카드로 입금, 출금 사용 가능하세요. 다른 업무는 없으신가요?

A 네. 물어본 김에, 오늘 환율은 얼마인가요?

B 1달러에 6.5위안이에요.

A 알겠습니다. 감사합니다.

📋 패턴 익히기

① 저는 들어가고 싶습니다.

저는 여기에서 담배를 피우고 싶습니다.

저는 전화 한 통 하고 싶습니다.

② 당신은 먼저 조사하고, 그런 후에 다시 결정하세요.

너는 먼저 숙제를 다 하고, 그런 후에 놀아라.

당신을 먼저 상황을 살피고, 그런 후에 할지 안할지를 결정하세요.

③ 저에게 표 한 장을 주세요.

저에게 일주일의 휴가를 주세요.

저에게 용기와 힘을 주세요.

👥 실전 대화 연습

① A 저 은행 계좌를 개설하고 싶어요.

B 먼저 이 표를 작성하고, 그런 후에 저에게 신분증을 주세요.

② A 오늘 얼마를 입금하시나요?

B 5,000위안이요.

③ A 다른 업무는 없으신가요?

B 은행 온 김에, 인터넷 뱅킹 신청할게요.

④ A 카드를 잃어버렸는데 다시 만들어 주세요.

B 저에게 신분증을 주세요.

📝 연습 문제

1. (1) B　(2) A　(3) D　(4) C

(1) 我想开个账户。
(2) 请输入密码。
(3) 你给我你的身份证。
(4) 我想顺便办一张卡。

2. (1) P zhànghù　　C 账户
　 (2) P shēnqǐng　　C 申请
　 (3) P wǎngshàng　C 网上
　 (4) P mìmǎ　　　　C 密码
　 (5) P cúnqián　　　C 存钱
　 (6) P qǔkuǎn　　　C 取款

3. (1) C　(2) B　(3) A　(4) D

4. (1) 我想开个银行账户。
　 (2) 请给我身份证。
　 (3) 没有别的业务吗?
　 (4) 今天的汇率是多少?

10 연락처 묻기

💬 회화 1

A 안녕하세요. 영업부 전화번호 좀 알려주세요.

B 당신은 누구를 찾으시나요?

A 영업부의 왕 매니저를 찾고 있어요.

B 잠시만요, 0532-7858-675

💬 회화 2

A 안녕하세요! 저는 한국전자의 김 주임입니다. 저는 구매부의 왕 매니저를 찾고 있어요.

B 그는 현재 미국 출장 중이에요.

A 그는 언제 돌아오나요?

B 저도 잘 모르지만, 아마 다음 주쯤일 거예요.

A 제가 판매 제안서를 보내려고 하는데, 왕 매니저의 메일 주소를 알려 주실 수 있나요?

B 그의 메일 주소는 Bibigogo1234@qq.com이에요.

A 다시 확인할게요, Bibigogo1234@qq.com, 맞나요?

📋 패턴 익히기

1 저에게 좋은 소식을 알려 주세요.

저에게 무슨 일인지 알려 주세요.

저에게 당신의 비밀을 알려주세요.

2 그는 현재 문자 메세지를 보내는 중입니다.

그는 현재 고객을 만나는 중입니다.

그는 현재 외출 중입니다.

3 저도 아이가 둘입니다.

저도 함께 가겠습니다.

저도 알지 못합니다.

🗣️ 실전 대화 연습

1 A 당신은 누구를 찾으시나요?

　 B 저는 영업부의 왕 매니저를 찾고 있어요.

2 A 당신 위챗아이디가 있나요?

　 B 있어요. 제가 친구 추가할게요.

3 A 그의 전화번호를 저에게 알려 주실 수 있나요?

　 B 잠시만요. 제가 바로 당신께 알려 드릴게요.

4 A 그의 메일 주소를 저에게 알려 주실 수 있나요?

　 B 그의 메일 주소는 1234@qq.com이에요.

📝 연습 문제

1. (1) B　(2) A　(3) D　(4) C

> (1) 请告诉我营销部的电话号码。
> (2) 他正在发短信呢。
> (3) 公司的网址是www.china.com。
> (4) 他正在美国出差呢。

2. (1) P yóuxiāng　　　　C 邮箱
　 (2) P dìzhǐ　　　　　 C 地址
　 (3) P zhǎo　　　　　 C 找
　 (4) P qīngchu　　　　C 清楚
　 (5) P jiànyìshū　　　 C 建议书
　 (6) P yīnggāi　　　　 C 应该

3. (1) A　(2) D　(3) C　(4) B

4. (1) 我找营销部的王部长。
　 (2) 你能告诉我李代理的邮箱地址吗？
　 (3) 他正在美国出差。
　 (4) 请稍等。我马上告诉你。

11 공항 수속 하기

💬 회화 1

A 저는 베이징 가는 왕복 항공권을 예약하고 싶어요.

B 당신은 언제의 비행기 표를 원하시나요?

A 8월 10일, 다음 주 금요일이요.

B 알겠습니다.

💬 회화 2

A 당신의 여권과 비행기표를 보여 주세요.

B 네, 여기요.

A 당신은 창가 아니면 통로 중 어떤 자리를 원하세요?

B 저는 앞줄 창가 쪽 자리에 앉고 싶어요.

A 제가 좀 볼게요, 앞의 세 번째 줄 자리, 어떠세요?

B 너무 좋아요, 감사해요.

A 부칠 짐이 있으신가요?

B 네. 여행 가방 한 개요.

A 네, 이건 당신의 탑승권과 여권이에요. 즐거운 여행하세요.

📋 패턴 익히기

1 당신이 갑니까 아니면 제가 갑니까?

당신은 만족합니까 아니면 만족하지 않습니까?

당신은 비행기 타고 갑니까 아니면 기차 타고 갑니까?

2 제가 좀 생각해 보겠습니다.

제가 좀 기다려 보겠습니다.

제가 좀 맛을 보겠습니다.

3 당신의 생일을 축하해요!

가시는 길 평안하시길 바래요!

당신이 건강하기를 바래요!

👥 실전 대화 연습

1 A 당신의 여권과 비행기표를 보여 주세요.

B 잠시만요. 여기요.

2 A 부칠 짐이 있으신가요?

B 네. 여행 가방 한 개요.

3 A 당신은 창가 아니면 통로 중 어떤 자리를 원하세요?

B 저는 앞줄 창가 자리를 원해요.

4 A 이 비행기표는 언제 탑승할 수 있어요?

B 20분 후에 탑승할 수 있어요.

✍ 연습 문제

1. (1) D (2) C (3) A (4) B

> (1) 我想坐前排靠窗户的座位。
> (2) 有没有要托运的行李?
> (3) 三十分钟后可以登机。
> (4) 请出示您的护照。

2. (1) P jīpiào   C 机票
   (2) P chuānghu   C 窗户
   (3) P zuòwèi   C 座位
   (4) P tuōyùn   C 托运
   (5) P xíngli   C 行李
   (6) P dēngjī   C 登机

3. (1) D (2) C (3) B (4) A

4. (1) 我想订一张去北京的往返机票。
   (2) 你想要靠窗户还是靠过道的座位?
   (3) 我想坐前排靠窗户的座位。
   (4) 祝您旅途愉快。

12 선물 사기

💬 회화 1

A 필요한 게 있나요?

B 저는 비즈니스 선물을 사고 싶어요.
저에게 추천 좀 해주세요.

A 화장품, 중국 명주 등등 모두 괜찮아요.

💬 회화 2

A 저는 술을 사고 싶어요. 여기는 어떤 종류의 술이 있나요?

B 이 상점에는 중국 백주와 양주 등등 모두 있어요.

A 그래요? 잘됐네요! 저는 싸고 맛있는 술을 원해요.

B 최근에 시펑주와 우량예가 인기가 많아요.

A 그럼, 우량예 한 병 주세요.

B 네, 여기요. 더 필요한 게 있나요?

A 향수 한 병도 같이 계산해 주세요.

B 카드 결제 하나요 아니면 QR 결제 하나요?

A 저는 QR로 결제할게요.

📋 패턴 익히기

1 옷, 서류 등등.

술, 화장품 등등.

담배, 내의 등등.

2 너무 비쌉니다.

너무 좋습니다.

너무 바쁩니다.

3 저는 좋고 아름다운 것을 원합니다.

저는 비싸고 맛있는 것을 원합니다.

저는 예쁘고 싼 것을 원합니다.

👥 실전 대화 연습

1 A 필요한 게 있나요?

B 저는 비즈니스 선물을 사고 싶어요.

2 A 저는 싸고 맛있는 술은 원해요.

B 최근에 시펑주와 우량예가 인기가 많아요.

3 A 당신은 카드로 결제하나요?

B 저는 카드로 결제할 거예요.

4 A 더 필요한 게 있나요?

B 여기 샤넬 향수도 함께 계산해 주세요.

🔖 연습 문제

1. (1) C (2) B (3) D (4) A

> (1) 这家店里有哪些种类的酒?
> (2) 一瓶香秀也一起结账吧。
> (3) 我想买商务礼品。
> (4) 我用二维码支付。

2. (1) P lǐwù   C 礼物
   (2) P xiāngshuǐ   C 香水
   (3) P jiézhàng   C 结账
   (4) P shòu huānyíng   C 受欢迎
   (5) P tuījiàn   C 推荐
   (6) P piányi   C 便宜

3. (1) B (2) D (3) A (4) C

4. (1) 请你给我推荐一下。
   (2) 我要又便宜又好喝的酒。
   (3) 还需要别的吗?
   (4) 我用二维码支付。

외국어 출판 40년의 신뢰
외국어 전문 출판 그룹
동양북스가 만드는 책은 다릅니다.

40년의 쉼 없는 노력과 도전으로 책 만들기에 최선을 다해온 동양북스는
오늘도 미래의 가치에 투자하고 있습니다.
대한민국의 내일을 생각하는 도전 정신과 믿음으로 최선을 다하겠습니다.

📖 동양북스

동양북스 추천 교재

회화 코스북

일본어뱅크 다이스키
STEP 1·2·3·4·5·6·7·8

일본어뱅크
좋아요 일본어 1·2·3·4·5·6

일본어뱅크 도모다찌
STEP 1·2·3

분야서

일본어뱅크
좋아요 일본어 독해 STEP 1·2

일본어뱅크
일본어 작문 초급

일본어뱅크
사진과 함께하는
일본 문화

일본어뱅크
항공 서비스 일본어

가장 쉬운 독학
일본어 현지회화

수험서

일취월장 JPT
독해·청해

일취월장 JPT
실전 모의고사 500·700

일단 합격하고 오겠습니다
JLPT 일본어능력시험
N1·N2·N3·N4·N5

일단 합격하고 오겠습니다
JLPT 일본어능력시험
실전모의고사 N1·N2·N3·N4/5

단어·한자

특허받은
일본어 한자 암기박사

일본어 상용한자 2136
이거 하나면 끝!

일본어뱅크
좋아요 일본어 한자

가장 쉬운 독학
일본어 단어장

일단 합격하고 오겠습니다
JLPT 일본어능력시험
단어장 N1·N2·N3

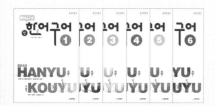
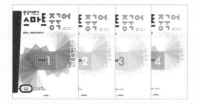

동양북스 추천 교재

기타외국어 교재의 최강자, 동양북스 추천 교재

중고급 학습

첫걸음 끝내고 보는
프랑스어
중고급의 모든 것

첫걸음 끝내고 보는
스페인어
중고급의 모든 것

첫걸음 끝내고 보는
독일어
중고급의 모든 것

첫걸음 끝내고 보는
태국어
중고급의 모든 것

첫걸음 끝내고 보는
베트남어
중고급의 모든 것

단어장

버전업! 가장 쉬운
프랑스어 단어장

버전업! 가장 쉬운
스페인어 단어장

버전업! 가장 쉬운
독일어 단어장

가장 쉬운 독학
베트남어 단어장

여행 회화

NEW 후다닥
여행 중국어

NEW 후다닥
여행 일본어

NEW 후다닥
여행 영어

NEW 후다닥
여행 독일어

NEW 후다닥
여행 프랑스어

NEW 후다닥
여행 스페인어

NEW 후다닥
여행 베트남어

NEW 후다닥
여행 태국어

수험서 · 교재

한 권으로 끝내는 DELE
어휘·쓰기·관용구편 (B2~C1)

수능 기초 베트남어
한 권이면 끝!

버전업!
스마트 프랑스어

일단 합격하고 오겠습니다
독일어능력시험
A1 · A2 · B1 · B2